JN333991

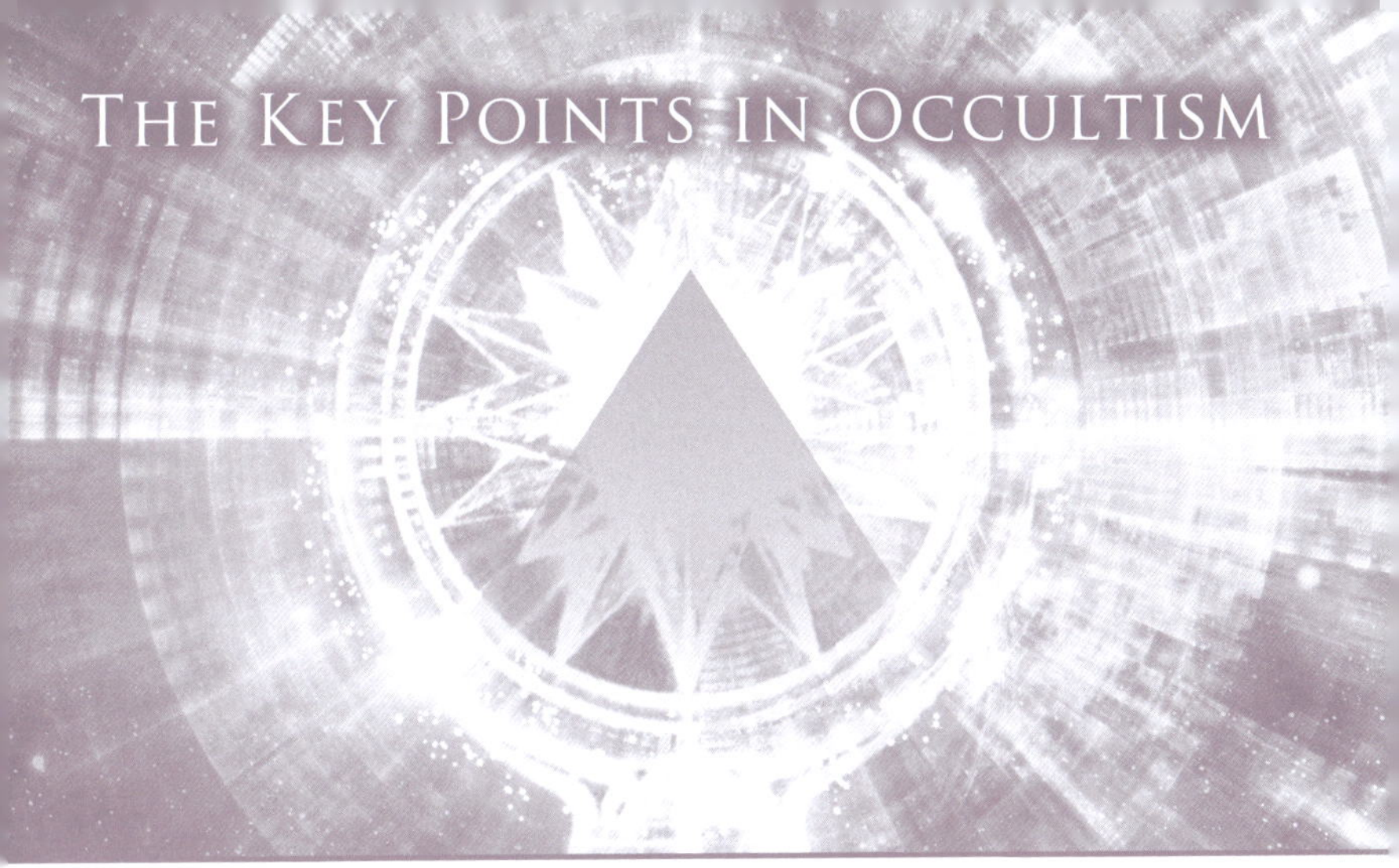

HSU

神秘学要論

「唯物論」の呪縛を超えて

大川隆法

Ryuho Okawa

まえがき

いわゆる「神秘学」には、様々な心霊現象《しんれいげんしょう》、オカルトの歴史、魔法や超能力、呪術《じゅじゅつ》や各種宗教の秘儀《ひぎ》にあたるものが含まれるので、要点を概説するのはそんなに簡単ではない。

本書は幸福の科学の活動に併行《へいこう》して現れて来た心霊現象の要点部分を、宗教としての幸福の科学の核心に迫るための一つのアプローチとして捉《とら》えたものである。教祖学や教義学の一助となれば幸いである。

最近は、利益追求を目的とする株式会社の発行する週刊誌などが、表現・言論・出版の自由を濫用《らんよう》している。単なる心霊現象の一端《いったん》と、教祖としての神霊能力の区別がつかない報道が多いようだ。「嫉妬心」が集まれば「正義」になると短絡的《たんらくてき》に考える悪《あ》しきマスコミ論理や売文商法《ばいぶんしょうほう》がそこにはある。憲法にいう信教の自由とは、基本的人権とも密接不可分《みっせつふかぶん》であると同時に、真理探究の手段でもあるのだ。

二〇一四年　七月二十二日

幸福《こうふく》の科学《かがく》グループ創始者兼総裁《そうししゃけんそうさい》
幸福《こうふく》の科学大学創立者《かがくだいがくそうりつしゃ》　大川隆法《おおかわりゅうほう》

神秘学要論　目次

神秘学要論

――「唯物論《ゆいぶつろん》」の呪縛《じゅばく》を超《こ》えて――

二〇一四年六月十九日　説法《せっぽう》
東京都・幸福の科学総合本部にて

神秘学要論

――「唯物論《ゆいぶつろん》」の呪縛《じゅばく》を超《こ》えて――

二〇一四年六月十九日　説法《せっぽう》

東京都・幸福の科学総合本部にて

質問者　※質問順

高田智香枝《たかたちかえ》（幸福の科学大学教務局長）

金澤由美子《かなざわゆみこ》（幸福の科学指導研修局長）

金子一之《かねこかずゆき》（幸福の科学大学ソフト担当局長）

［役職は収録時点のもの］

1　宗教的な「概念《がいねん》」や「定義」を整理する

宗教的な考え方を勉強するための「手引き書」を

大川隆法　私は、いろいろな本を出していますが、本の種類がかなり多岐《たき》にわたっているため、もしかしたら、本を読んでいる方々にもよく分からないような言葉や考え方などが、散乱しているのではないかという気がします。

そこで、宗教的な思想や本などを勉強していく上で大切な「考え方」や「概《がい》念《ねん》」、「定義」などを少し整理して、何らかの「手引き書」をつくりたいと考えています。話せば長くなるテーマではあるでしょうが、「要点をまとめたようなものがつくれないかな」ということで企画《きかく》しました。

ただ、一問に対して、二時間かけて答えてしまい、それで終わりになる場合もあるので、なるべく、多くの質問に答えたいとは思っています。

「神秘学とは何ですか」と質問された場合、一問で終わりになる可能性があるのですが、できれば、幾《いく》つかのポイントについて答えることができれば、私としては幸いかと思っていますので、よろしくお願いします。

2　霊的影響《れいてきえいきょう》を受けた場合のコントロール法とは

司会　それでは、質疑応答に入らせていただきます。質問のある方は挙手にてお願いいたします。

では、幸福の科学大学の高田局長、お願いします。

高田　幸福の科学大学の高田と申します。日々のご指導、本当にありがとうございます。

大川総裁からは、「神秘思想は人々を勇気づけ、限界突破《とっぱ》させる力である」とお教えいただいています。一方で、「幸福の科学大学に入学される学生のみなさんが、目覚めたる新人類、アデプト（目覚めた者）の卵である」ということもお教えいただいています。

そこで、私たち仏法真理《ぶっぽうしんり》を学ぶ者が、どのようにすれば、神秘の力を開発できるのかをお教えください。

また、学生のなかには、霊的《れいてき》な感度が非常に高く、いろいろな影響《えいきょう》を受けやすい方もいると思うのですが、そういった方々が、さまざまな霊的な影響を受けすぎないようにするには、どうすればよいのか、アドバイスを頂ければと思います。よろしくお願いいたします。

宗教に取って代わった「近代哲学《てつがく》の流れ」

大川隆法　まず、「神秘学」について　総論的なことをお話ししたいと思います。

学問には流れがいろいろあるでしょうが、昔の時代に行けば行くほど、神秘性の強いものが多かったのではないかと思います。

宗教一つを取りましても、宗教的な考え方は古いものほど神秘性が強いのですが、新しくなってくると、その神秘性が剝《は》ぎ取られて、この世的な解釈《かいしゃく》のほうに陥《おちい》っていく傾向《けいこう》が非常に強いのです。神秘性の部分が、哲学《てつがく》的な考え方、抽象《ちゅうしょう》的で観念的な考え方に入れ替《か》わる傾向が強いと思います。

つまり、哲学的な考え方のようなものに置き換《か》えられて語られたため、そういう神秘的な力や影響力が及《およ》んでこないような、「実行を伴《ともな》わずに、本の上で勉強できる範囲《はんい》内での思想」に変わってきた点が大きいのではないでしょうか。

このように、近代の哲学の流れが、宗教に取って代わった部分があります。哲学が宗教に取って代わり、また、宗教と政治が切り離《はな》されていき、「政治の原理や法律が、別途《べっと》、この世の人間の合理的な考え方で運営されていく」という方向で分かれてきたのが、ここ数百年の近代の流れではないかと思います。

ですから、このあたりの考え方には非常に難しい面があります。よい面としては、誰《だれ》もが勉強できるような一般《いっぱん》的な学問類型のなかへ入れられることにより、疑問を持たずに勉強できるような部分もありますが、その反面として、本質からは大きく遠ざかってしまった面もあるわけです。この両者があるかと思います。

「宗教」であり「政治」でもあった日蓮《にちれん》の活動

大川隆法　今日、たまたま、ある出版社の週刊誌の広告を見ていましたら、最近、当会が出した本についての記事がありました。

それは、生前、『立正安国論《りっしょうあんこくろん》』を説かれた日蓮《にちれん》聖人《しょうにん》に対し、例えば、「今の集団的自衛権の問題については、どのように考えておられるのか」というようなことを問うた内容等が収録された霊言《れいげん》であり（『日蓮聖人「戦争と平和」を語る』

『日蓮聖人「戦争と平和」を語る』（幸福の科学出版）

〔幸福の科学出版刊〕参照）、もちろん、政治性を帯びている内容です。政治性と宗教性の両方が入っています。

ただ、日蓮の活動そのものが宗教であり、かつ政治であったわけです。北条時頼《ほうじょうときより》に対し、『立正安国論』を実際に差し出して、「このままでは、国が滅《ほろ》びるぞ。正法《しょうぼう》を守らないと、『他国侵逼難《しんぴつなん》』が起き、外国が攻《せ》めてくるぞ。内乱も起きるぞ。いろいろな悪いことが起きるぞ」というようなことを諫言《かんげん》しています。これが日蓮の行動です。

北条時頼（1227 ～ 1263）
鎌倉幕府第５代執権。元寇を退けた第８代執権北条時宗の父。御家人や民衆に対しては善政を敷いて人望を得、「仁政」と謳われる。

また、当時、幕府内でも、念仏宗《ねんぶつしゅう》が流行《はや》っていました。侍《さむらい》の間でもかなり流行っていて、そちらのほうからの弾圧《だんあつ》もあったのです。日蓮には、念仏宗のことを悪く言っていた面があるので、石をぶつけられるなど、かなり苦労して辻説法《つじせっぽう》をしています。

これは、現代の街宣《がいせん》のようなものでしょう。ミカン箱の上に乗って、一人で街宣をしているような状況《じょうきょう》であったかと思います。

日蓮《にちれん》の首を斬《き》ろうとしたとき、「光りもの」が飛んできた

大川隆法　その後、日蓮《にちれん》は捕《つか》まって、鎌倉《かまくら》のほうへ連れていかれます。そして、江《え》の島《しま》の近くにある竜ノ口《たつのくち》で首を斬《き》られそうになったところで、江の島の方向から、月のような「光りもの」が飛んできたそうです。謎《なぞ》の「光りもの」がピ

カッと光って、首を斬ろうとした刀がバラバラに折れたと言われています。『法華経《ほけきょう》』のなかにある『観音経《かんのんぎょう》』には、「刀尋段段壊《とうじんだんだんえ》」（刀がバラバラに砕《くだ》ける）という言葉が書いてあります。『観音経』のなかで、「観世音菩薩《かんぜおんぼさつ》を信ずる者を刀で斬ろうとしても、刀がバラバラに折れる」と書いてあることと同じような現象が起きたわけです。

　これが嘘《うそ》か本当かは分かりませんが、その「光りもの」については、何回読ん

日蓮が斬首されそうになったとき、謎の「光りもの」（左上方から射している光）によって難を逃れた。（絵：龍口法難《たつのくちほうなん》〈立正大学蔵〉）

でも、私にはUFOにしか思えません。「UFOらしきものが、江の島の方角から竜ノ口のほうまで飛んだので、驚《おど》いた」ということらしいのです。

また、「日本刀が折れたかどうか」については、経文《きょうもん》に事寄せて言われた可能性があるので、何とも言えませんが、少なくとも、処刑《しょけい》をしようとした武士が、怯《おび》えて処刑を中止したことは間違《まちが》いありません。

しかも、タイミングよく、鎌倉幕府のほうから処刑中止を伝える早馬《はやうま》が来て、「その処刑、待った！」ということで日蓮は島流しになりました。そして、佐《さ》渡島《どがしま》に流されることになり、雪が積もる佐渡島の土牢《つちろう》のなかに入って修行《しゅぎょう》し、その後、戻《もど》ってくるというような話があるわけです。

そのように、「政治」と「宗教」は密接な部分があります。

「宗教的教養」が足りなすぎる某《ぼう》週刊誌

大川隆法　その週刊誌を見ると、二つほど関係する記事がありました。一つは、創価学会《そうかがっかい》についてで、「池田大作《いけだだいさく》は、なぜ集団的自衛権に賛成したのか」というような記事がありました。また、別の箇所には、「日蓮聖人を騙《かた》って、創価学会に喧嘩《けんか》を売った幸福の科学」といった当会に関する記事があったのです。

この二つは、別のところに書かれた記事でしたが、つなげてみたら、「幸福の科学から日蓮聖人の本を出したので、池田大作のほうも集団的自衛権を認める方向に動いたのではないか」と思えるような記事の書き方でした。

ですから、本当に言いたいことは、実は違うところにあった可能性があります。ただ、この世的には、そういう表現しかできないのでしょう。

いずれにしても問題はあります。例えば、当会の霊言現象について、「霊言商法」と言ったり、「イタコ」と言ったりするなど、いろいろとからかっているからです。こういうものに対しては、「宗教的教養が足りなすぎるのではないか」という感じがします。

たとえて言えば、田舎《いなか》から久しぶりに出てきた知人を帝国《ていこく》ホテルへ連れていって、フランス料理のフルコースを振《ふ》る舞《ま》ったのに、「ここは大衆食堂ですか」と訊《き》かれたようなギャップを感じます。

「まあ、似たようなものは、あることはあるでしょうし、確かに、食堂と言えば食堂ではありますが、普通《ふつう》は、そういう言い方はしないのです。自分が大衆であるため、大衆である自分が食べたら、そこは大衆食堂かなと思うかもしれませんが、その場所（帝国ホテル）は、そうではありません。あなたが大衆であるだけであって、大衆食堂ではないのです」ということですね。

それと同じように、ムハンマドやエドガー・ケイシー、中山みきをイタコと呼ぶなら、宗教的無教養を批判されるでしょう（本書P.68参照）。

「守護霊《しゅごれい》」と話をしていた哲学《てつがく》の祖・ソクラテス

大川隆法　また、哲学《てつがく》の祖であるソクラテスの話には、まさしく、今、「守護《しゅご》霊《れい》」と言っているものに非常によく似た存在が出てきます。「守護神」と言う場合もありますが、ダイモンという名で呼ばれています。

ダイモンは、いつも耳元《みみもと》で話しかけているそうです。多弁《たべん》ではありませんが、

●中山みき（1798～1887）天理教開祖。41歳の時に「天理王命」より啓示を受け、天理教を開く。イスラム教の開祖ムハンマド、「眠れる予言者」と言われたエドガー・ケイシーらと同じように高級霊界から神々の啓示、教えを直接受け取り、人々に伝えた。（『天理教開祖　中山みきの霊言』〔幸福の科学出版刊〕参照）

「自分（ソクラテス）がしていることは正しいか、正しくないか」については、いつも見ていて、してはいけないことや、間違っていることに対しては、「してはいけない」「言ってはいけない」と言うわけです。「これをせよ」ということは言わないタイプの霊だったようです。

これは、私たちの感じからすれば、明らかに「守護霊現象」であると思われます。

したがって、意外に、哲学の祖であるソクラテスのほうが、「守護霊と話をしている」ということをはっきり感じることができており、「宗教」のほうは

ソクラテス（前469～前399）
古代ギリシャの哲学者。デルフォイの神託を受け、ソフィストと対話し、次々と論破。国家が信奉する神々を否定し、若者を堕落させたという罪で告発されたが、愛知者としての信念を貫き、自ら毒杯を仰いだ。

守護霊についてそれほど明確には分かっていない気がしますし、いろいろな霊との区別があまりついていないように思えるのです。そういうところがあります。

したがって、「神秘現象」といっても、哲学にもあるわけです。

先ほど、「宗教を学問のほうに持ってきて、神秘性をなくしたのが哲学だ」と述べましたが、哲学の祖自身は、守護霊からの霊言を受けているような方であるわけです。もし、当時、それ（霊言）を録《と》るための機材があれば録ることもできたでしょう。

また、ソクラテスの対話編などには、おそらく、守護霊ないしは指導霊《しどうれい》が霊的な影響を与《あた》えて、議論している相手を論破したものが、かなりあると思います。そういう力が働かなければ、二千五百年近くも遺《のこ》るはずがありません。

結局、神秘的なるものを自分では理解できない人は、そういうものを遠ざけて考えようとしていく傾向があるのでしょう。

アリストテレスあたりから、この世的な面が強くなった

大川隆法　ソクラテスの思想は、極《きわ》めて霊的で、あの世について非常に肯定的《こうてい》であり、唯物論《ゆいぶつろん》など微塵《みじん》もない思想です。

プラトンも同じです。霊能者ですし、ソクラテスと同じ考えでした。

しかし、アリストテレスのあたりから、

プラトン（前 427 ～前 347）
古代ギリシャの哲学者。ソクラテスの弟子にしてアリストテレスの師。転生輪廻する不滅の霊魂を重視し、超越的なイデアの存在を説くとともに、理想国家論、哲人王による支配の要諦などを説いた。

少し怪《あや》しくなり、この世的な面が強くなってきます。アリストテレスは「万学《ばんがく》の祖」とも言われ、そこから、自然科学など、いろいろなものが分かれていくのですが、少しずつ宗教的なものが落ちてき始めたのです。おそらく、アリストテレスには霊能力がなかったのではないかと思われます。

また、アリストテレスは、アレクサンダー大王の家庭教師をしていた方でもありますので、この世的なものにも精通し、やや、この世のほうに近い部分があったのかもしれません。アリストテレスにはそういう面があるため、学者ではありましたが、プラトンとの間にはかなり

アリストテレス（前384～前322）
古代ギリシャの哲学者。プラトンの弟子。師のイデア論を批判し、経験的事象を元に演繹的に真実を導き出す分析論を重視。主著『形而上学』『ニコマコス倫理学』等。

〝距離《きょり》〟があるのです。

「心の世界」や「霊界《れいかい》」を切り離《はな》したデカルト以降の近代哲学《てつがく》

大川隆法　同じようなことは、近代でも起きていると思います。

近代の哲学《てつがく》においても、その祖であるデカルトは、「デカルトの夢」などといいますように、よく霊夢《れいむ》を見ていましたし、神を信じていました。そのように、実際には霊能者であり、「体外離脱《たいがいりだつ》」をするような

ルネ・デカルト（1596 ～ 1650）
フランスの哲学者・数学者。合理主義哲学の祖。精神と物体の二元論を唱え、「近代哲学の父」と呼ばれる。解析幾何学の創始者でもある。主著『方法序説』等。

体験をしていたにもかかわらず、彼が肉体と精神を分ける「二分法」を使ったあたりから、「心の世界や霊界《れいかい》を切り離《はな》して、この世だけを探究しよう」というような考え方が出てきています。

デカルト本人は、そうした世界を否定しているわけではまったくないのですが、同じ体験をしていない人には理解ができないので、「理解ができるところだけを〝つまみ食《ぐ》い〟した」ということなのでしょう。

学問の対象を絞《しぼ》り、「神秘思想」を遠ざけたカント哲学《てつがく》

大川隆法　カントもそうです。カントは、霊体験をしなかったようですので、頭のなかで考えて、「理性が最高のものだ」と説いたわけです。もし、カント

自身に霊体験があったなら、かなり違ったものがあっただろうと思います。

また、カントは、スウェーデンボルグの霊視《れいし》の話などは書いているのですが、「それは、話としては聞いているけれども、自分は、『書斎《しょさい》』と『散歩』ぐらいで、町から出ないような人間なので、そこまでは分からない。それを否定するわけではないが、『分からないこと』は『学問の対象』にはならない」というように考えました。

要するに、自分が明らかにできるところ

エマヌエル・スウェーデンボルグ（1688 ～ 1772）
スウェーデンの神秘主義思想家・自然科学者。諸学に精通したヨーロッパ有数の学者が、後半生に霊界研究に取り組んだ。主著『天界と地獄』等。

イマヌエル・カント（1724 ～ 1804）
ドイツの哲学者。観念論哲学の祖。従来の合理論や経験論に対し、理性による批判検討を行う。主著『純粋理性批判』『実践理性批判』『判断力批判』等。

だけを学問の対象として絞《しぼ》り込《こ》み、「分からないことについては議論ができないので、分かることについて議論をしよう」ということで、脳内で考えられることを対象に学問化していったのが、カントの哲学《てつがく》なのです。

このカントの哲学から、フランス革命までの〝距離〟は非常に短く、カント哲学が一世を風靡《ふうび》した結果、知的リーダーたちが、要するに、「神がなくても、世界を解釈でき、説明できる」という思想を持つようになりました。これを「啓蒙《けいもう》思想」と称《しょう》したとするならば、ある意味で、神秘思想のほうを遠ざける力が働いてくるわけです。

この考え方は、「王は神の子孫であって、この世に神の代理人として生まれてきた」というような、王権神授《しんじゅ》説的な考え方を否定するのには非常に都合《つごう》がよいため、フランス革命などの、かなり血なまぐさい政治活動や行動につなが

●ニーチェ（1844〜1900）ドイツの哲学者、古典文献学者。主著『権力への意志』『ツァラツストラはかく語りき』等。「神は死んだ」という言葉が波紋を呼び、「超人」思想がヒトラーに影響を与えた。

ったところがあるのではないかと思います。

それ以降は、哲学が霊的に復活することは、あまりありませんでした。ニーチェは、多少、霊的ではありましたが、違った意味で〝霊的〟だったような感じがあり、「宗教は霊的であったら怖《こわ》い」という部分を見せたところがあるでしょう。

まず、そういうことを前置きとして述べておきます。

釈迦《しゃか》の神秘的な部分を剝《は》ぎ取り、自分に当てはめた中村元《なかむらはじめ》

大川隆法　それから、現代では、宗教の研究をするにしても、文献《ぶんけん》を引用し、

『公開霊言 ニーチェよ、神は本当に死んだのか？』
（幸福の科学出版）

抽象的な文章を書かせるようなことをするため、宗教学や仏教学の研究においても、文献学などに極めて近い学問になってしまっていて、霊的なバイブレーションがまったくありません。

しかし、「釈迦《しゃか》の説法に霊的バイブレーションがなかった」ということは、ありえないことです。中村元《なかむらはじめ》などは、そういうことを気にせずに、現代語で普通の会話でもするかのように、釈迦の対話編を書いていましたが、「このあたりについて、どうも〝罰《ばち》〟が当たったらしい」ということが、最近、見えてきているわけです（『仏教学から観《み》た「幸福の科学」分析《ぶんせき》』〔幸福の科学出版刊〕参照）。

中村元は、釈迦の神秘的な部分を全部剝《は》ぎ取

『仏教学から観た「幸福の科学」分析』（幸福の科学出版）

り、自分の講義等で、それを〝再現〟してみせていました。神秘現象を全部取り去ったあと、〝人間・釈迦〟としての生涯《しょうがい》を取り出したら、「学者・中村元が東方学院《とうほうがくいん》を開いて、少数の人を相手に講義をしている程度のものかな。お金に苦労しながら、三人や五人ぐらいを相手にして授業を続けたようなものかな」と、自分に当てはめて理解したようなところは、そうとうあるでしょう。

ただ、それでは、世界宗教にならないことは間違いありません。「霊的な部分は、神話・伝説だ」と思うかもしれませんが、それを無視したら、宗教にはならなかっただろうと思われます。

中村仏教学の「根本的な間違《まちが》い」とは何か

大川隆法　中村元は、仏教を哲学として理解し、「新カント派」といわれる考え方で解釈しようとしましたが、「それは間違《まちが》いだった」ということは、中村元が死後に行った世界を見れば明らかです（注。中村元氏は死後、地獄《じごく》界の無意識界に堕《お》ちている。前掲《ぜんけい》『仏教学から観た「幸福の科学」分析』参照）。

仏教をあれだけ広めたにもかかわらず、天国に行けないのは、割に合わない

中村元（1912 ～ 1999）
東京大学名誉教授。インド哲学、仏教学、比較思想学の世界的権威。主著『東洋人の思惟方法』『インド思想史』等。

話ですが、そこには、何か根本的な間違いがあるということです。

では、その根本的な間違いとは、何でしょうか。

結局、「仏教を勉強したにもかかわらず、『あの世や霊は存在しない』という方向に持っていけるような説き方をした」ということが、大いなる間違いであったわけです。

「素朴《そぼく》な目で見て、あの世があるかどうか。転生輪廻《てんしょうりんね》があるかどうか。死後の世界があるかどうか。あるいは、あの世からこの世に生まれてきて、あの世に還《かえ》っていくかどうか。こうした簡単な理屈《りくつ》を否定してしまうような、文献学的な宗教理解や仏教理解をしたら、どれほどの世界的な学者であろうとも、いかなる賞をもらおうとも、神仏は許したまわないのだ」ということを、見事に証明した例ではないでしょうか。

●新カント派　19世紀後半から20世紀前半にドイツを中心に興ったカント批判哲学の復興運動で、日本の論壇に大きな影響を与えた。

「釈迦《しゃか》に神秘的な力があった」と理解した渡辺照宏《わたなべしょうこう》

大川隆法　同じ仏典《ぶってん》を読んでも、きちんとそれを霊的に理解した人もいます。例えば、仏教学者の渡辺照宏《わたなべしょうこう》氏などは、「釈迦《しゃか》にもきちんと神秘的な力があったことは、いろいろなところに数多く書かれている」ということを言っています。

したがって、釈迦に、祈願《きがん》や祈禱《きとう》による超能力《ちょうのうりょく》のようなものが、まったくなかった

渡辺照宏（1907～1977）
インド哲学者、仏教学者、僧侶（真言宗）。在来の仏教教団の宗派意識を厳しく批評した。主著『渡辺照宏著作集〈全八巻〉』『新釈尊伝』等。

かといえば、そんなことはないわけです。

例えば、ある町に、ペストのような病気が流行《はや》ったときに、呪文《じゅもん》を唱《とな》えながら聖水《せいすい》を撒《ま》かせて清め、その町の疫病《えきびょう》を鎮《しず》めたこともあります。また、幾《いく》つかの神変《じんぺん》を起こしていることも、仏典には、たくさん書かれています。誇張《こちょう》されていることはあるかもしれませんが、やはり、そうした象徴《しょうちょう》的なもののなかに意味があると考えるべきでしょう。

宗教に関する「神秘現象」に、見方の違《ちが》いが生じる理由

大川隆法　キリスト教において、「イエスが湖《みずうみ》の上を本当にペタペタ歩いたかどうか」ということについては、科学者的な人や信仰心《しんこうしん》の薄《うす》い人からは、疑問

があるかもしれません。

しかし、仏教においても、「釈迦が、渡《わた》し舟《ぶね》の代金を持っていなかったため、海のようなガンジス河《がわ》を、空を飛んで渡った」ということが、仏典に載《の》っています。これは、空中浮揚《ふよう》でしょう。釈迦は、UFOにでも助けられたかのように、そのまま向こうまで渡ったので、それ以後、「お坊《ぼう》さんから、お金を取ってはいけない。渡し賃を取ってはいけない」ということになって、インドのお坊さんは、い

『新約聖書』には、イエスがガリラヤ湖の水上を歩行した奇跡について描かれている。イエスに手招きされたペテロは数歩歩いたところで溺れ、「信仰の薄い者よ、なぜ疑ったのか」と言われた。(絵:『エグベルトの福音書』一部)

まだに、通行賃を払《はら》わずに、乗り物に乗れたりもするのです。

なお、釈迦が起源であるこの話が、イエスのほうの伝説に、実はつながっているのではないかという説もあります。

あるいは、別の説として、これはモーセの「出《しゅつ》エジプト」にそっくりですが、「ナイランジャナー河の水が分かれて底が見え、砂地が全部出て、その乾《かわ》いた上をお釈迦様が歩いた」という記述も仏典のなかにはあります。

モーセに導かれて出エジプトを果たした人々は、海面が真っ二つに割れる奇跡によって紅海を渡ることができたとされる。（絵：ニコラ・プッサン）

そのように、モーセの話もイエスの話も、その原型が、仏典のなかに書かれているように見えなくもありません。

これを信じるか信じないかは別ですが、仏教はそういったことをあまり強調しないので、問題にはならないものの、もし、釈迦も、イエスのように、遺っている史実が非常に少なかった場合、おそらく大きな問題になるでしょう。それだけでも大変なことになって、「ガンジス河を真っ二つに割れるかどうか」というような大きな議論になると思います。

ところが、仏教には、あまりにもたくさんの教えがあるために、そのなかに埋没《まいぼつ》して、少ない部分になっているところはあると思います。

そのように、宗教に関しても、「資料解釈の仕方」や「本人の体験」によって、いろいろと見方が違《ちが》うということがあるわけです。

神秘体験を「否定する人」と「受け入れる人」の違《ちが》い

大川隆法　そういう意味では、霊的な体験がないような人、あるいは、実は、「怖いので認めたくない」と言って、岩盤《がんばん》のようになって頑張《がんば》っている人は、神秘現象を否定する傾向があります。

また、家族にそのような宗教心がまったくない家に生まれた人には、否定する人もいるでしょう。あるいは、家族のなかに、何かの宗教に入って、その後、行動がおかしくなった人がおり、家のなかで事件が起きたことのあるような人にも、否定したがる傾向はあると思います。

逆に、親や祖父母等から、そういう霊的な体験をした話を聞いて育ったような人についてては、比較《ひかく》的受け入れやすい素地《そじ》があるでしょう。

したがって、家族で信仰を継承《けいしょう》しているかどうかというところが、大きいと思うのです。

今の日本では、普通にこの世に生まれて、普通の生活をし、親は会社仕事をしており、自分も、特に宗教的ではない普通の公立の学校に通って、国公立大学ぐらいまで出たとしたら、受けた教育のなかには、「宗教的な出会い」というのは、ほとんどありません。

そのため、神秘体験を経験する人は数少なく、経験しても否定して理解しないことのほうが多いのではないでしょうか。人に相談もできずに、自分で抱《かか》えていて、「勘違《かんちが》いか、思い違い」と思おうとする人が多いだろうと思います。

「霊感《れいかん》があるかどうか」に関して「働いている原則」とは

大川隆法　では、原則はどういうことなのでしょうか。

昔の人には、たくさん視《み》えたり感じたりしたことが、現代人には、あまり視えたり感じたりしなくなってきています。あるいは、そういうものがあっても否定する傾向が非常に強いのです。

今ありえるのは、「ファンタジーの世界」でしょう。小説などの「エンターテインメントの世界」では、そうしたものがあっても構わないわけです。

要するに、ディズニーがつくった映画のなかで、魔法《まほう》使いがいろいろなことをしたり、スリラーものやホラーものなどで、死者がいろいろ出てきたりすることは別に構わないのです。

ところが、事実の世界でそれを言うと、ほとんど否定されるわけです。

キリスト教世界においても、「宗教というのは、公私の『私《し》』の部分である」と考えるところが多く、「役所や会社、その他の『公《こう》』の部分では出さずにいるものだ」というような二分法の考え方がかなり強く出てきています。要するに、「宗教は、家庭もしくは土日にやってください」というような面が強いので、そのへんが器用にできない人たちは、一般的に否定してみせる傾向が強く出ているわけです。

なお、昔の人には、よく視えたり、感じられたりしたのに、現代人にそうした霊感《れいかん》が薄くなっている理由は、はっきり言えば、「心」といわれているものが、「煤《すす》けている」という意味で、汚《よご》れているからです。

窓ガラスも、ゴミや埃《ほこり》で曇《くも》っていたら、外は見えないでしょう。外から太陽の光が射《さ》しても、外の景色は見えない状態です。太陽が輝《かがや》いていても、はっきりは見えないし、外の景色がいくら美しくても、はっきりは見えません。それは、窓のガラスが曇っているからです。

この世に生きている間に、曇りの少ない世界、素朴で純粋《じゅんすい》な世界にいれば、透《す》き通って見えていたものが、都会などで生活をしていたら、〝埃〟でいっぱいになって、汚れて見えなくなってきます。

つまり、〝窓〟をきちんと拭《ふ》いて、きれいにしなければ、〝外の景色〟が見えなくなるわけです。

「生霊《いきりょう》」を感知する人が多かった「平安時代」

大川隆法　不思議なことですが、「生霊《いきりょう》」という、守護霊と本人の表面意識が一体化して怨念《おんねん》となり、文句を言ってくるような霊が、最近よく私たちのところを訪《おとず》れ、その霊言が本にもなっています。

これは、まるで「陰陽師《おんみょうじ》」の世界でしょう。「平安時代には、生霊というものがある」という話は聞いたことはありますし、古文でも読みました。

ただ、私も宗教の世界に入ってからも、そうした生霊がはっきり感じられるようになるには、少し時間がかかったのです。

最近は感度がよくなって、そういうものまで感じられるのですけれども、ある人が表面意識で強く思っていると、その思いと、その人の守護霊とが一体化して、私のところにやって来て、ワアワアと文句を言ってきます。あるいは、呪《のろ》ってきたりするような感じにもなるわけです。

おそらく、平安時代には、こうしたものを感知する人がたくさんいたのでしょう。それで、霊力で敗れると、病気になったりしましたし、あるいは、「死ね！」などと思われていると、死んでしまったりすることもありました。

そのため、「やられているな。呪われているな」と思ったら、陰陽師を呼んできて、こちらからもやり返したり、密教僧《みっきょうそう》を呼んできて加持《かじ》祈禱を行ったりして、〝念力《ねんりき》戦〟のようなものをしていたのです。そうしたことが、平安時代

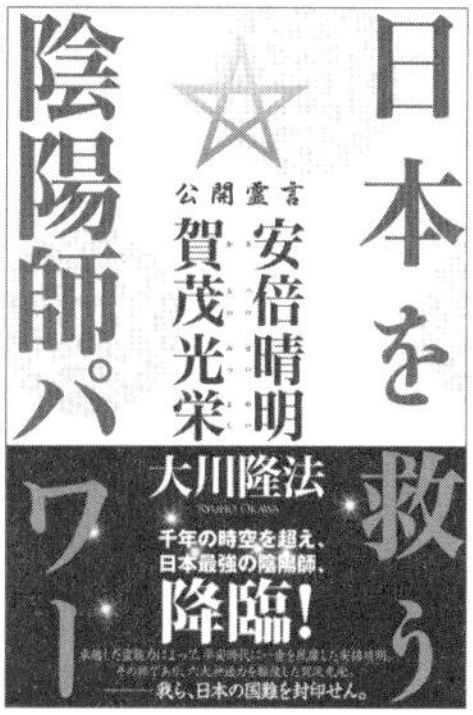

陰陽道の大家・賀茂光栄と安倍晴明の霊言が収録された『日本を救う陰陽師パワー』（幸福の科学出版）

には現実に起きていました。

今の人が見れば、映画の世界以外では、〝お笑い〟になるのでしょうが、現実には、そういうことがあるわけです。

したがって、昔の人は、バカではなく、意外に、真実に近いところにいたのです。ところが、知識が増えたり、この世が便利になって、この世への愛着が増えることによって、そうした世界が感じられなくなり、視えなくなっていったということです。

イエスや釈迦《しゃか》が説いた「霊的体験《れいてきたいけん》」を得るための方法論

大川隆法　では、幸福の科学大学等に入った学生などで、霊的《れいてき》なものにあまり敏感《びんかん》でない人たちが、もし、そのような世界を感じようとしたら、どうすればよいでしょうか。

『聖書《せいしょ》』にあるように、イエスはそのポイントを、「心清き者は幸いである。彼らは神を見るであろう」と、わずか一条で、はっきりと言っています。

「心清き者」とは、「心を清らかにしたる者」です。要するに、「この世で生きて、心に付いた塵《ちり》や垢《あか》の部分を落として、透明度《とうめいど》を高めた人は、神を見るであろう」ということを、方法論の一つとして、キリスト教で言っているわけです。

仏教では、これは「反省」になります。そういう霊感は、「八正道《はっしょうどう》」を中心とした反省行《ぎょう》や瞑想行《めいそうぎょう》を通じて身につけるようになっているのです。

釈迦《しゃか》が、菩提樹下《ぼだいじゅげ》で大悟《たいご》したときにも、真夜中に禅定《ぜんじょう》している間に、「三明《さんみょう》」を得た。『過去・現在・未来』（三世《さんぜ》）を見通せるようになった」というように

●八正道　苦を取り除き、中道に入るための八つの正しい反省法（『釈迦の本心』第２章「八正道の発見」、『太陽の法』第２章「仏法真理は語る」参照）。

言われています。これは、「霊能力を持った」ということです。

この世を超《こ》えた世界の、何らかの霊的な体験を、そのときに得たというのは、ほぼ間違いないでしょう。その体験が、やはり、伝道への自信になったのだと思われます。

つまり、単純なことであって、真理を批判的に読むのではなく、それを受け入れ、自分のこととして実践《じっせん》し、心を清らかにする作法を、「反省」なり、「瞑想」

『釈迦の本心』
（幸福の科学出版）

仏陀像（インド・マトゥラ考古博物館蔵）

なり、「祈《いの》り」なりを通して行《おこな》っていくことによって、霊的な体験をいろいろとするようになるであろうと思うのです。

真理の「教学」を深め、霊的《れいてき》な悪影響《あくえいきょう》を「ブロック」する

大川隆法　ただ、霊的《れいてき》に過敏《かびん》になりすぎて、日常生活に支障《ししょう》が出てきている人の場合、今度は、逆の面も必要です。

高級霊の場合は、向こうのほうも考えてくれるので、それほど心配はありません。ある程度までのところで、その人の使命相応《そうおう》の援助《えんじょ》をしてくれますし、本人が狂《くる》ったりするようなところまで、そうした能力を使わないように抑《おさ》えてくれるとは思うのです。

しかし、この世で浮遊《ふゆう》しているいろいろな霊が、たくさんかかってきたり影響《えいきょう》してきたりするようになると、やはり危険度は増してきます。そのようなときには、逆に、ブロックしなければいけません。ブロックする術《じゅつ》を持っていないと、翻弄《ほんろう》されることになってきます。

この「ブロックする術」は、いったい何でしょうか。

例えば、死んであの世に行っても、天上界《てんじょうかい》に還っているならともかく、地獄《じごく》界で何百年、あるいは、千年、二千年と迷っている者たちは、全然、真理の勉強などしていません。

したがって、一つには、きちんと教学をすることで、霊的な知識が高度なものになってくれば、彼らの言っていることの間違っている部分をピシッと指摘《してき》できるようになり、その言葉に迷わされないようになってくるわけです。

やはり、「知は力なり」というのは、ここでも効《き》いてくることであって、「いえ、そんなことはありません。大川隆法総裁から聞いていることによれば、あなたの言っていることは、ここが間違っています」というように、バシッと切れるようになったら、それに翻弄されることはないのです。そのような声が聞こえてきたときにも、はっきりとした強い意志で、「それは違っている」ということが分かれば、拒絶《きょぜつ》することはできます。

「信仰心《しんこうしん》」によって、この世的な「つまずき」を乗り越《こ》える

大川隆法　もう一つは、「信仰心《しんこうしん》による一体感を持って自分を守る」ということです。「主と一体となる」、あるいは、「教団と一体となる」ことで、自分を

守るわけです。

羊の群れのなかでも、足が遅《おそ》かったり、けがをしたりして、はぐれていこうとするものを、狼《おおかみ》は必ず狙《ねら》います。弱点があるものを必ず狙ってくるのです。

したがって、この世的に何か、つまずきがあるようなタイプの人は、そのつまずきのところを修正していくのがよいでしょう。

例えば、家庭のなかで不幸があったり、事故があったり、けが人や病人が出たり、あるいは、金銭《きんせん》的なトラブルがあったり、事業がうまくいかなかったりするなど、さまざまなトラブルがあって、それが強く影響しすぎると、そこが狙い目になるわけです。心がそこに止《と》まりすぎると、そこが狙い目になって攻《こう》撃《げき》してきます。

やはり、最後は、仏教で言う、「諸行無常《しょぎょうむじょう》」「諸法無我《しょほうむが》」「涅槃寂静《ねはんじゃくじょう》」（●三法《さんぼう》

●三法印　仏教の根本的理念を示す三つの旗印。「諸行無常」は、この世のものはすべて移り変わっていくこと。「諸法無我」は、この世の存在には実体がなく、霊的存在のみ実在であること。「涅槃寂静」は、解脱した結果、得られる悟りの境地のこと。

印《いん》）が大切です。

「この世は仮の世界であって、あの世が本当の世界なのだ。この世では、どのような環境《かんきょう》や条件が与えられたとしても、それは、自分の魂《たましい》修行の糧《かて》として、何か学ぶべきものが残っているからであって、来世《らいせ》に還れば、なぜ、そうした条件が自分に与えられたかの意味は分かる。したがって、それについて、執着《しゅうちゃく》を持ちすぎるのは間違いなのだ」ということを知って、この世の条件のなかで、自分のベストを尽《つ》くしていくことです。

鉄下駄《てつげた》を履《は》いて走っているような感じがするかもしれませんが、「強い意志」を持ち、「利他《りた》の思い」を持って生きていくことによって、そうしたつまずきを乗り越《こ》えることは、十分に可能であると思います。

したがって、霊的になりすぎて翻弄される場合には、「信仰心を確立し、僧団《サンガ》との一体感を持つこと」、そして、「教学において、邪《じゃ》なるものを切り捨てていけるだけの知的な力を持つこと」が大事です。邪教《じゃきょう》などの惑《まど》わしであっても、「言っていることが理論的におかしい。これは、ここが間違っている」ということがスパッと分かれば、切り落とすことはできるのです。

邪悪《じゃあく》な「霊的《れいてき》現象」に惑《まど》わされる人の「心の隙《すき》」とは

大川隆法　ところが、そうしたことが分からずに、「霊的《れいてき》現象さえ起きれば、すごい」などと思う人は、宗教好きの人のなかにもたくさんいるわけです。

例えば、オウム真理教のようなところについて、「坐禅《ざぜん》を組んでピョンピョンと跳《は》ねたりするのはすごい。空中浮揚《ふよう》だ」などと言う人もいますが、あれはどう見ても空中浮揚ではなく、ただ本当に跳ねているだけです。ああいう跳ね方は、動物霊であれば、みなできるでしょう。そうした浮《う》いているところだけを写真に撮《と》って、「空中浮揚した」と言ったり、場合によっては、座布団《ざぶとん》を積んで、その上から飛び降りるところを写真に撮って、「空中浮揚した」と言ったりしています。しかし、髪《かみ》の毛が上を向いて立っているものを「空中浮揚だ」と言うのは、さすがにおかしいのではないでしょうか。それは、下から上がったわけではなく、上から飛び降りているだけなのです。

ただ、それを「空中浮揚だ」などと言って、写真を撮ったりしたものを見て、信じる人もいるわけです。そうした人は、素直《すなお》ではあるかもしれません。しかし、そのような邪悪なるものに惑《まど》わされていくというのは、残念ながら、「自分のなかに隙《すき》がある」と思わなければいけないのです。

失敗や挫折《ざせつ》を「霊的《れいてき》なもの」で埋《う》め合わせず、謙虚《けんきょ》に努力を

大川隆法　また、霊的《れいてき》なものにのめり込んで道を間違う場合に、もう一つ考えられるのは、この世的なところで失敗や挫折《ざせつ》がありすぎて、それを埋《う》め合わせようとする補償《ほしょう》作用が出てきているということです。自分自身の自我の欠けているところを、霊的なもので埋め合わせて、つじつまを合わせ、自分のプライドを守ろうとする動きが出てくることもあるわけです。

したがって、それを知ったならば、自我を抑え、慢心《まんしん》を抑えて、平凡《へいぼん》でもよいから、コツコツとした努力を積み上げることです。また、「そうしたコツコツとした努力相応の成果が自分に返ってくることで、十分である」というよう

な謙虚《けんきょ》な心を持っていれば、惑わされることは少ないでしょう。

やはり、「霊的な能力があれば、すべてが解決する」というようなことはありません。別なかたちの欲が出てくれば、そこを狙われますので、謙虚さや透明感を持ち続けるのは極めて大事なことではないかと思います。

「自分は前進・向上しているか」を客観視する

大川隆法　そうした「霊的な現象」が起きている人でも、教団のなかにいて、信仰心がしっかりしているうちは大丈夫《だいじょうぶ》ですが、そこから離れた場合には、残念ながら、惑わされるケースが多いのです。

例えば、教団から離れてしまい、独立して別派のようなものや、宗教もどきのようなものをつくったりする人もいますが、そうした場合、邪悪なるものに入られたら、もう取れない状態になります。あとは、どこまで〝お付き合い〟するかという問題になるのでしょうが、先は厳しいはずです。

要するに、自我が強く、自己愛が強すぎると、そうした悪《あ》しき霊的現象を疑えなくなってきて、翻弄されるようになっていくことがあるのです。そうした意味で、自己を客観視することも大事であると思います。

宗教そのものを、妄信《もうしん》・狂信《きょうしん》として完全に拒絶《きょぜつ》するのも間違いですが、のめり込んで自我が崩壊《ほうかい》し、家庭が崩壊し、全部が崩壊するところまでいくのも、また間違いです。宗教を、この世の逃避《とうひ》としてのみ使ってはなりません。

やはり、「自分は少しでも前進しているか。向上しているか」ということを客観的に見つめていくことが大事なのではないかと思います。

3　幸福の科学の「霊言《れいげん》」の特徴《とくちょう》とは

金澤　霊言《れいげん》の真実性について、質問させていただきます。

幸福の科学では、大川総裁から、まさに「神秘現象」そのものと言っていい霊言を、五百本以上も賜《たまわ》っていまして、これを世間《せけん》に開示《かいじ》することによって、あの世の証明をしようと運動をしております。

そして、それが今、一種の社会現象になりつつあると思うのですが、その一方で、世の中には、霊言や守護霊《しゅごれい》霊言というものをなかなか信じられずにいる方が、まだまだ多いのが現実です。

そして、そのなかには、大川総裁が非常に努力家で、勉強をなさっているのを知っているがゆえに、「大川総裁ご自身の考えで話しているのではないか」と言う人もいらっしゃいます。

こうした考え方をする人に対し、霊言の真実性について、ご教示頂ければと思います。よろしくお願いいたします。

霊言《れいげん》に必要とされる「波長同通の法則」

大川隆法　もちろん、世間が言っていることに、合っている部分がないわけではありません。

「波長同通の法則」というものがあり、「霊言《れいげん》を受ける側」と、「霊言を送る側、霊指導する側」との波長が同通していないと、伝わらないものはあります。

●波長同通の法則　各人の心境に応じた一定の電波のようなものが発されており、同じような波長を持った者同士が相通じるという法則。

そのため、だいたい同じぐらいの「格」は必要です。

また、この世で受ける側の人が拒絶《きょぜつ》してしまい、まったく受け入れていないような状況《じょうきょう》、あるいは、少なくとも、表面意識が起きている状況においては、そうした霊指導を受け入れられないこともあるでしょう。

例えば、エドガー・ケイシーのような人でも、「自分に退行催眠《たいこうさいみん》をかけて、催眠時に自分の語ったことを記録させてみると、起きているときとは全然違《ちが》うことを語って

エドガー・ケイシー（1877 ～ 1945）
アメリカの予言者、心霊治療家。「眠れる予言者」「20 世紀最大の奇跡の人」などと称される。催眠状態で、病気の治療法や人生相談等について数多くの「リーディング（霊査）」を行った。（左：リーディング時の様子。〈ECCJ より〉）

いる。自分は、キリスト教の日曜学校の教師として教えを説いているような人だったのに、寝《ね》ている間になされたリーディングでは、転生輪廻《てんしょうりんね》についての話や、アトランティスからアメリカに生まれ変わってきた話などがたくさん出てきているので、びっくりした」というようなことがありました。

そういうことがあるので、その加減《かげん》は、一個一個、それぞれの状況に応じて違いがあり、非常に難しいところがあるかと思います。

「教祖とイタコの違《ちが》い」という逆定義に答えられるか

大川隆法　私が、いろいろな種類のものを霊的に受け入れられていることのなかには、やはり、それだけいろいろなものに関心を持っていて、それらを受け入れられる器《うつわ》があることも関係していると思います。そうでなければ、受け入れられないはずです。

したがって、「霊を受け取る」ということを霊媒《れいばい》現象のように捉《とら》え、「イタコ型も霊言だ」と考える人に対しては、前述したように、「あなたは、ソクラテスがイタコだと思いますか」などと訊《き》いてみればよいのです。

例えば、「モーセはイタコだと思いますか。イエスはイタコだと思いますか。あるいは、ムハンマドはイタコだと考えますか。イタコの定義をしてみてください。イタコと宗教家の違《ちが》いはどこにあると思いますか」と、逆定義を求めて、その説明ができるかどうかを訊いてみれば、分かります。

真相を究明する余地のある「ムハンマドの最初の啓示《けいじ》」

大川隆法　ムハンマドを見るかぎりでは、私などからすれば、非常に信じられないような部分もあるのです。

ムハンマドは、メッカの離《はな》れにあるヒラーの洞窟《どうくつ》のなかで、最初の啓示《けいじ》を受けます。その際の相手がガブリエル（ジブリール）ということになっているのですが、これに関しては、いずれ、私のほうでも、少し調べるつもりではいます（本収録後、二〇一四年六月二十六日に「大天使ガブリエルの霊言」を収録した）。

初め、ムハンマドが、ガブリエルを神だと思ったかどうかは分かりませんが、

「ネクタイのような絹織物で、ギューッと首を絞《し》められるような感じがしてきて、『誦《よ》め！　誦め！』（声に出して読むこと）というようなことを言ってきた」と伝えられているのです。

「誦め」と言われても、「首を絞められた状態で何を誦めるのか」と思いますし、今、伝わるところによれば、ムハンマド自身は読み書きができなかったそうなので、誦もうにも誦めなかったはずです。

（上）ジブリールから啓示を受けるムハンマド。
（右）ムハンマドが初めて啓示を受けたとされるヒラー山の洞窟。

ところが、イスラム教では、「洞窟のなかでムハンマドが瞑想《めいそう》をしていると、恐怖《きょうふ》体験のような神秘体験をして、『誦め』と言われた。結局、聞こえてくる声の内容を覚えて、それをほかの人に話し、筆写《ひっしゃ》してもらうかたちで『コーラン』が出来上がった」ということになっているわけです。

最初は、てっきり、砂漠《さばく》の地にいる「ジン」というような悪魔《あくま》もどきだと思われたのでしょう。「アラジンと魔法のランプ」という物語のなかに、巨大《きょだい》な風船のようになって出てくるものがありますが、最初は、ああいう魔法使いのようなものだろうと思われていたようなので、霊現象としては、出方に、やや疑問がないわけではありません。

恐怖心でいっぱいになって、ガタガタ震《ふる》え、青ざめて冷《ひ》や汗《あせ》がダラダラと流れるような現象を起こしているわけですが、私が体験したかぎりでは、そういうものは、普通《ふつう》、悪魔が憑《つ》いてきている場合が多いのです。このあたりについては、もう一度、真相を究明する必要があるかとは思いますが、もしかすると、本人としては、それまでに、そのような体験がなかったので、驚《おどろ》いて恐怖しただけなのかもしれません。とにかく、そういう経験をしたそうです。

そして、それが繰《く》り返し起きたために、『コーラン』が出来上がっていき、その後、「啓示を伝えたのはガブリエルだ」ということになったわけです。

教祖とイタコの違《ちが》いは「かかってきているものの格」

大川隆法　では、こうしたこととイタコ現象は同じなのでしょうか。それとも、同じではないのでしょうか。それは、結局、「かかってきているものの〝格〟

による」のだろうと思います。

やはり、減少しつつあるイタコや、まだ多少は残っていると思われる沖縄《おきなわ》のユタのように、亡《な》くなったおじいさんやおばあさんの霊を呼ぶ程度のレベルのことしかできないものと、「教えを説けるレベルまでの霊示《れいじ》が出てくるもの」との差が、違《ちが》いとなって出るのでしょう。

ですから、ほかの人が繰り返し勉強できるような、一貫《いっかん》した筋のある教理《きょうり》が説けて、それについてくる人、フォロワー（追随《ついずい》者）が出てき始め、そして、それを基《もと》に教団をつくり、広げていこうとする動きが起きたときに、初めて宗教が出来上がるのです。やはり、そこまでいかないと教祖にはなりません。

一般《いっぱん》的に、教祖になると、百人から三百人ぐらいの信者は出来上がってくるものです。その人たちに、〝神の声〟を聞かせたりすることもあるでしょうが、その内容に、どの程度の普遍《ふへん》性や高度性があるかによって、広がり方に違いが出てくると思うのです。

つまり、「隣《となり》の何とかさんのおじいさんの言葉」などというだけであれば、それほど広がるものではありませんが、もう少し偉《えら》い人が出てくる場合であれば、広がる可能性があるということです。

"ペンネーム"を使って出てくることの多い神々

大川隆法　ただ、そこには、まだ方便が介在《かいざい》していて、霊言を降ろしてくる者が、はっきりと名前を言わない場合があるのです。

例えば、天理教《てんりきょう》であれば、「天理王命《てんりおうのみこと》」と名乗ったり、あるいは、そのほか

●天理王命　天理教の開祖・中山みきに「おつげ」を与えた神。人間を創り育てた親なる神として、「親神」と呼ばれている。(前掲『天理教開祖　中山みきの霊言』参照)

の宗教であれば、「天地《てんち》金《かね》乃《の》神《かみ》」（金光《こんこう》教《きょう》）、「艮《うしとら》の金神《こんじん》」（大本教《おおもときょう》）と名乗ったりと、〝ペンネーム〟を使って出てくる神がいらっしゃいます（『天理教開祖　中山《なかやま》みきの霊言』〔幸福の科学出版刊〕参照）。

ただし、これが本物かどうか、同一人物かどうかは、実は、まだ分からない部分があります。おそらく、その〝ペンネーム〟を使って、思想を統一しようとした面はあるのでしょう。

艮の金神　大本教の開祖・出口なおを指導した神。「三千世界の立て直し」の啓示を与えた。艮は東北の方位で鬼門とされ、「金神」は祟り神のこと。

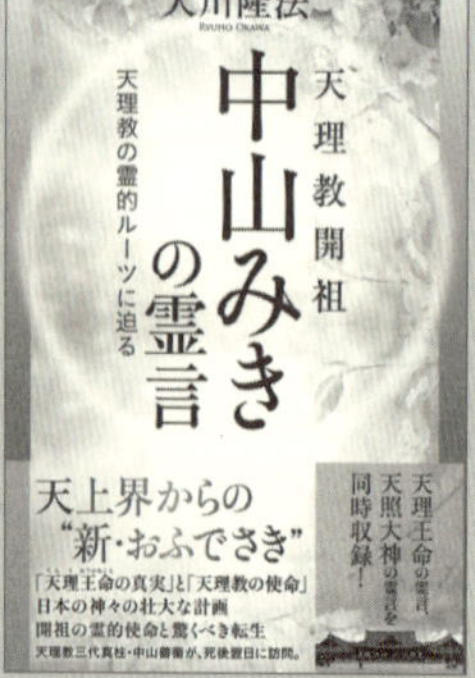

『天理教開祖　中山みきの霊言』（幸福の科学出版）

例えば、当会が始まる前に、潮文社《ちょうぶんしゃ》という出版社から出ていた、『シルバー・バーチの霊訓《れいくん》』という外国の霊人《れいじん》による霊言がありますけれども、それは、「シルバー・バーチという古代インディアンが霊言を送っている」ということになっています。しかし、「本当は偉い存在かもしれず、古代のインディアンを中継点《ちゅうけいてん》にして、霊示を送っているのだ。本当は指導霊団《しどうれいだん》がいても、偉い存在の名前を出すのは本物ではないので、『シルバー・バーチ』という者が代わりに出ているのだ」というようなことでした。

私たちも、同じ潮文社から、霊言集を九冊ほど出したのですが、そうした「シルバー・バーチ」や「ホワイト・イーグル」などというような者の霊言を翻訳《ほんやく》していた訳者のほうが嫉妬《しっと》してしまい、当会の霊言集に対し、「こんなに有名な人の霊が出てくるということは、偽物《にせもの》ということだ」と言っていました。

●天地金乃神　教派神道の金光教が奉じる神のこと。天地万有を生かす無限の「はたらき」、人間をはじめ万物の「いのちの根源」とされている。

おそらく、こちらのほうが少しだけ売れ行きがよかったことも原因の一つでしょう。古代インディアンの霊言などを勉強するよりは、「日蓮《にちれん》」「空海《くうかい》」「天照大神《あまてらすおおみかみ》」といった霊言のほうが、本物であれば大したものですし、値打ちがありますから、売れ行きに差が出てきてしまったのです。

すると、やはり、訳者のほうが信じられなくなってしまい、批判してきたり、「うちの出版社から出ていけ」というような運動をしたりしていたので、なかなか難しいものがあるものだなと思いました。

また、宗教においても、例えば、大本教では、「艮の金神」という神が出てきます。これも、少し異様な言い方ではありますが、艮の方向、つまり、東北の方向というのは、昔の陰陽道《おんみょうどう》で言えば「悪い方角」とされています。その方角の金神さんが出てくるというわけですが、実際上、大本教は弾圧《だんあつ》を受けているわけです。「『艮の金神』を名乗る神が主宰神《しゅさいしん》をしていた」ということには、ある意味で、「おまえたちは弾圧を受けるぞ」というような暗示が入っていたのかもしれません。

そのほかにも、「天地金乃神《てんちかねのかみ》」など、いろいろな名前で出てくる場合があります。

世界宗教でさえ直接には語られることのない「神の名」

大川隆法　西洋においても、イエスやイエスの弟子《でし》などの名前を語ると、疑う人は多いでしょうから、直接は語らず、別の名前で伝えてきているものもあります。

つまり、「中継して霊示を送る」というスタイルがありうるわけです。

ムハンマドの場合も、最初は、「アッラーから啓示を受けた」と思っていたのですが、妻のいとこであるキリスト教徒から、「根本神《こんぽんしん》は、直接、人間などに霊示を降ろしてはこないのだ」という批判が出てきたため、「では、やはり、中間点がいるのだ。ガブリエルが通信役として送っているのだ」ということに話を変えているわけです。

私が見るかぎりでは、実際に指導霊団はいたと思います。霊示によっては、出てきている言葉がだいぶ変わっているので、いろいろな霊人が語っているように思えるのです。

また、古代ユダヤ教においても、ヤハウェやエホバなどと言われているものはありますが、内容的に一貫しているものもあれば、少し違っているようなものもあるので、こちらに関しても、いろいろなものが入ってきては、霊示を出していたのではないでしょうか。

映画「ノア 約束の舟《ふね》」で受けた違和感《いわかん》

大川隆法　最近、「ノア 約束の舟《ふね》」という映画が上映されました。現地のランキングでは、今、意外にも満足度が上位に出ていますが、やはり、私などが観《み》ると、「これは本当に神の声なのかな」と、少し困惑《こんわく》するような面がありました（本収録後、二〇一四年七月十日にノアの霊言「ノア

「ノア 約束の舟」(2014 年公開のアメリカ映画)

の箱舟伝説は本当か」――大洪水の真相――』を収録した）。

ユダヤの預言者系の人たちというのは、みな、神の姿が視《み》えません。「声だけが聞こえる」というような状態であるため、相手を特定できていないのです。

そのため、「声が聞こえてきたら、それは神だ」ということにしているわけですが、そのすべてが同一人物かどうかは、そう簡単には分からないところがあるでしょう。

そのあたりの霊能力《れいのうりょく》の多様さがあるので、霊的な声の相手を特定するのは、それほど簡単なことではなく、「あちらの言うことを、そのまま聞くしかない。あとは、それを信じるか、信じないかだ」という状態になっているわけです。

幸福の科学は「神の名」を特定できる非常に珍《めずら》しい宗教

大川隆法　私たち幸福の科学の特徴《とくちょう》は、「その霊人が誰《だれ》であるかを、非常にはっきりと特定している」ということです。

これは、歴史上、極《きわ》めて珍《めずら》しいことなのではないでしょうか。

イエスであっても、そこまでの特定はできていないように思いますし、モーセであっても、それほどはっきりとしたものは出ていませんし、ユダヤの預言者であっても、よく分からないために、「神」とだけ言うにとどまっています。

それが、ヤハウェになったり、エホバになったり、エローヒムになったりと、いろいろしているわけですが、「本当は誰が送っているのか」ということまでは、はっきりとはつかんでいないように思えるのです。

そのため、ムハンマドにしても、本当は、よく分かってはいないけれども、「すべてはアッラーの言葉だ」ということになっているわけです。

そういう意味で、幸福の科学は、「霊示を送ってくる先を特定している」というところに特徴がありますし、さらには、生きている人の名前を出し、「この人の守護霊の言葉です」というところまで行っているので、確かに、これは、類《るい》を見ないかたちではあるでしょう。

守護霊《しゅごれい》の正体とは「自分自身の魂《たましい》の兄弟」

大川隆法　「守護霊《しゅごれい》」という言葉自体は、当会が始まる前にもありました。当時も、いろいろな精神世界についての本が出ていましたが、そういうもののなかに、言葉としてはあったのです。

ただ、それは、もう少し漠然《ばくぜん》としたものであり、「何らかの徳があれば、そういう守護霊のような者がついて、運がよくなりますよ」というぐらいの使われ方が多かったかと思います。

一方、当会では、かなり、本人に近いレベルの意識が守護霊として現れてきているわけです。

今までは、「自分の魂《たましい》とは関係のない、亡くなったおじいさんやおばあさん、おじさんなどが守護霊をしている」「何代目のご先祖が守護霊をしている」、あるいは、「○○稲荷《いなり》が守護霊をしている」など、そういう話がいろいろ通用していました。

魂《たましい》の兄弟と守護霊《しゅごれい》の仕組み

原則《げんそく》として、魂は六人で一組になっている。
リーダー役の霊を「本体」、ほかの五人を「分身」という。

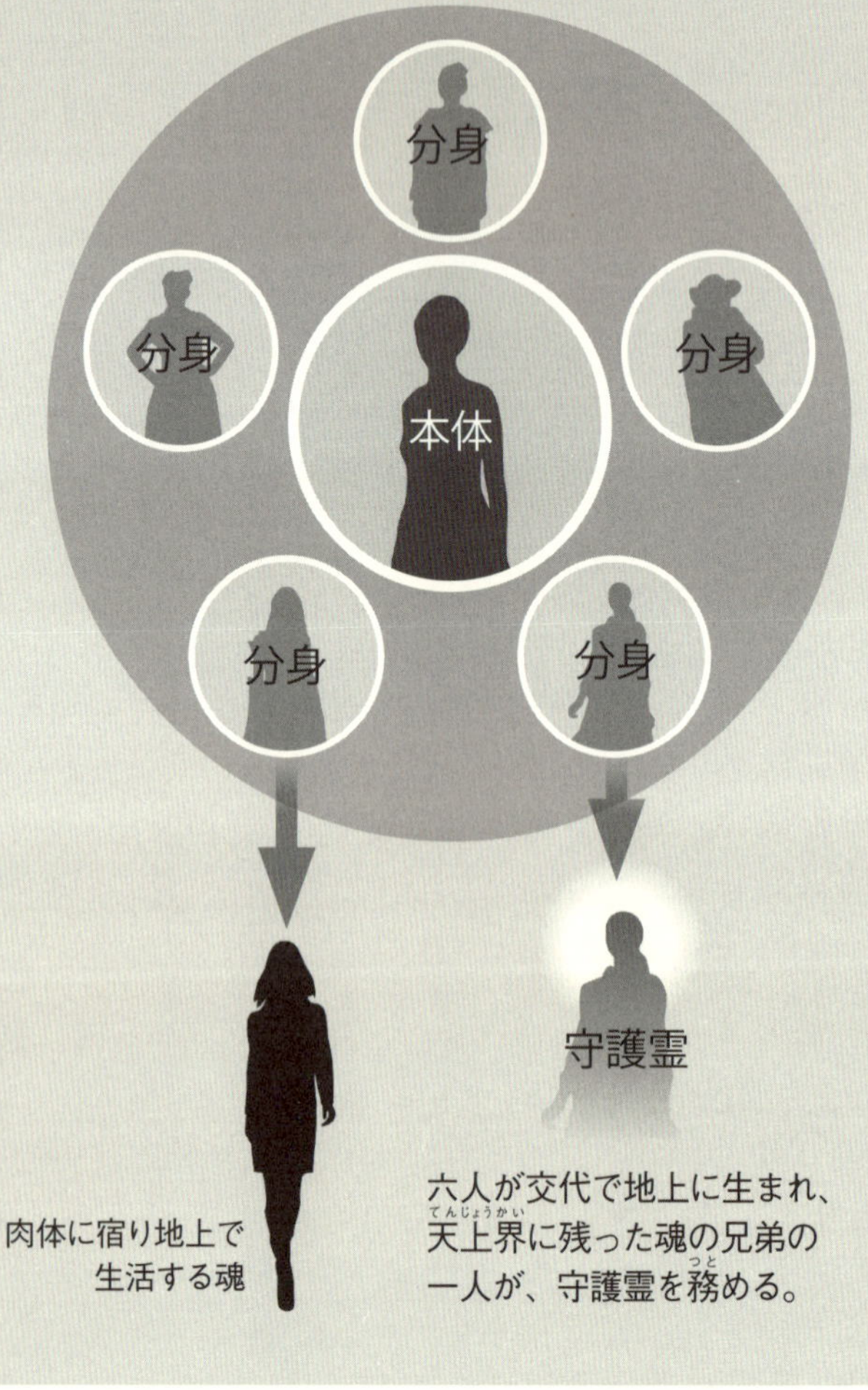
分身
分身
本体
分身
分身
分身
守護霊
肉体に宿り地上で
生活する魂
六人が交代で地上に生まれ、
天上界《てんじょうかい》に残った魂の兄弟の
一人が、守護霊を務《つと》める。

しかし、「本人自身の魂の兄弟の一人が守護霊であり、本人を指導している」というのが真実です（注。人間の魂は、原則として、「本体が一名、分身が五名」の六人グループによって形成されており、これを「魂の兄弟」という）。

「人間の魂《たましい》の構造」を突《つ》き止めていた日本神道《しんとう》

大川隆法　「魂《たましい》の兄弟」とは、魂が一通りではないことを意味しており、それは、日本神道《しんとう》の歴史のなかにもあります。

「人間の魂は何重かに分かれていて、『荒魂《あらみたま》』や『和魂《にぎみたま》』、『奇魂《くしみたま》』など、いろいろな面を持っている。人間には、怒《おこ》るときや、穏《おだ》やかなときなど、いろいろな表れ方があるように、魂にも表れ方がある」ということです。

あるいは、日本神道のなかには、何らかの動物に変化《へんげ》し、姿を変えられる魂、変化《へんか》する際に動物に変わる魂がいます。

例えば、龍《りゅう》や虎《とら》など、いろいろなものがありますけれども、要するに、「魂的に変化する際、どの動物に近いか」、あるいは、「〝戦闘態勢《せんとうたいせい》〟に入ったときに、どの姿に視えるか」ということです。つまり、そういうことの得意な神々がいて、古来、そういうものが視えた人がたくさんいたのでしょう。

そのように、日本神道では、「人間の魂は、それほど単純なものではない。人体様《よう》のものだけではなく、いろいろな変化《へんか》形を持っている」ということを突《つ》き止めていたはずですし、これについては、「神智学《しんちがく》」のほうでも、多少指摘《してき》してはいると思います。

●神智学　19世紀、ヘレナ・P・ブラヴァツキーを中心として神智学協会を設立。すべての宗教、思想、哲学、科学、芸術などの根底にある一つの普遍的な真理の追究を目指す、神秘主義、密教、秘教的な思想哲学のこと。

「守護霊《しゅごれい》が持つ特徴《とくちょう》」と「霊が語っていることの証明」

大川隆法　ともあれ、霊的《れいてき》なものを確定することは、非常に難しいことです。霊能者のような人が、守護霊について、「あなたの守護霊さんが、こう言っていますよ」などとテレビで言っているのは、今までにもよくあったと思いますが、特徴《とくちょう》としては、「その守護霊が、いったい何者であるか」ということを、はっきりとは見抜《みぬ》けていなかったのではないかと思います。

一方、当会の場合は、地上に生きている人の守護霊を呼び出すところまで行《おこな》っていますが、ときどき、守護霊の性別が、地上の本人と違っていることがあるのです。

例えば、「この世の肉体は女性なのに、守護霊が男性であるので、言葉が荒々しい」ということもありますが、基本的に、本人の考えにかなり近いものが出てきます。

また、若干《じゃっかん》、振幅《しんぷく》があるので、大げさに反応して出てくる場合もあるのですが、いずれにしても、かなり、本人に近い特徴を持っている部分が出てくることになります。

要するに、「各人には、過去世《かこぜ》があり、それぞれの過去世での意識というものが、まだ存在し続けているのだ」ということです。

当会には、そういう思想が出てきているのですが、これは、理解が非常に難しいところかもしれません。通常は、「霊能力がそこまで及《およ》ばないので分からない」というのが、本当のところでしょう。

私に、このあたりのことが、かなりはっきり視えてきたのは、当教団が、精舎《しょうじゃ》を建てたり、教祖殿《きょうそでん》などを建てたりし始めたころからです。そのくらいから、かなりクリアに視えてき始めました。

それ以前の、マンションなどに住んでいたころには、守護霊などが来ていても、誰の守護霊が来ているのか、よく分からないことが多かったのですが、宗教施設《しせつ》を建てて住むようになると、かなりクリアに分かるようになってきたので、「やはり、そういう効果があるのだな」と感じています。

それから、「霊言」について、「大川隆法が、自分の考えを語っているのではないか」という見方もあるかもしれませんが、すでに出ている霊言集の内容の違いを読み分けていくと、「やはり、同一人物ではありえない」ということが分かるでしょう。

最近であれば、私は、サッカー日本代表である本田《ほんだ》選手の守護霊の霊言を本にして出していますが（『サッカー日本代表エース　本田圭佑《けいすけ》守護霊インタビュー』〔幸福の科学出版刊〕参照）、イチロー選手の守護霊の霊言とは、どう見ても違います（『天才打者イチロー　4000本ヒットの秘密』〔幸福の科学出版刊〕参照）。

また、イチロー選手の霊言は、「本人にインタビューしたかのようだ」と言われていますが、やはり、イチロー選手の名前で、本田選手のサッカーの話を語ったりはしないし、そういう話は出てこない

『サッカー日本代表エース　本田圭佑守護霊インタビュー』（幸福の科学出版）

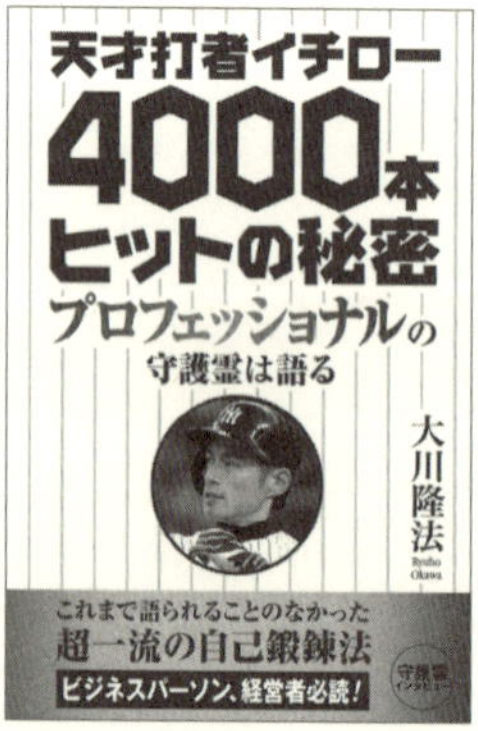

『天才打者イチロー　4000本ヒットの秘密』（幸福の科学出版）

だろうと思います。

「知識だけで霊言《れいげん》を行《おこな》っているわけではない」理由とは

大川隆法　さらに、「霊言《れいげん》を知識だけで行えるか」ということについてですが、私は、「会ったことのない人」や、「本を書いていない人」の守護霊も呼び出すことができるため、その部分が、「知識だけ」というところに当たらないと思うのです。

例えば、出版社系統であれば、社長や編集長、編集委員等、いろいろな人がいると思いますが、彼らは、姿を見られないように写真を出さず、経歴も出さないで、隠《かく》れて仕事をしています。

しかし、私は、名前を見ただけで、その人の守護霊を呼び出せるため、やはり、その〝怖《こわ》さ〟があるようです。

以前、「ザ・リバティ」（幸福の科学出版刊）に、当時、朝日新聞の社長であった箱島信一《はこしましんいち》氏の守護霊インタビューを載《の》せたことがありますが（「ザ・リバティ」二〇〇三年十月号）、あまりの衝撃《しょうげき》に、あのときだけは、「電車の中吊《なかづ》り広告を出すのは勘弁《かんべん》してくれ」と言われたことがあります。

また、朝日新聞社のなかにいる人たちから

「ザ・リバティ」2003年10月号に掲載された、朝日新聞・箱島信一社長（当時）の守護霊インタビュー。

は、「箱島社長なる人の性格や考え方が外にいて分かるはずがないのに、なぜ分かるのだろう」と言われていたようです。やはり、マスコミなどでは、隠れて分からないようにするところが多いからでしょう。

さらに、二〇一二年には、日銀前総裁（白川方明《しらかわまさあき》氏）の守護霊の霊言を本にして出しましたが、その内容は、国会でも取り上げられました（『日銀総裁とのスピリチュアル対話』〔幸福実現党刊〕参照）。

「いったい、どうやって取材したのかは分からないけれども、日銀の〝奥《おく》の院〟にいる総裁の考え方が、本となって出ている」ということでしょう。

私は、その日銀前総裁に会ったこともないの

『日銀総裁とのスピリチュアル対話』（幸福実現党）

で、そういう人の守護霊を呼び、その言葉を伝えるというのは、そんなに簡単なことではありません。

ただ、著書などをたくさん出していたり、語り下ろしたものを出したりしているのならば、まねすることができる人がいるかもしれませんし、ゴーストライターで書ける人がいるのかもしれませんが、ある程度のＶＩＰ《ビップ》で、直接、会ったことがなくても、守護霊を呼び出せるというところが、私の強みです。

過去、その人に会ったことがある人はほかにもいるかもしれませんが、私が会ったことがない人の守護霊を呼び出せて、さらに、「本人に極めて酷似《こくじ》している」ということなどが、いろいろと検証されているわけです。

私は、これまでに何百冊もの「霊言集」を出していますが、そのほとんどにおいて、「反論できない状態になっている」ということは、そうとうの確度で当たっているのではないでしょうか。

ソクラテス的に「無知の知」を明らかにしている私

大川隆法　しかし、一部には、「気に入らない」という人もいるとは思います。やはり、霊言でマイナスに評価された人には、気に入らないところがあるかもしれません。

そういう意味で、冒険《ぼうけん》をしてはいるでしょう。

つまり、私は、今、誰もが明かしていなかったところまで迫《せま》ってきているのだと思うのです。

人間とは不思議なもので、人間自身のことについて、すべて知っているような気持ちでいるけれども、実際は、何も分かっていません。私は、そういうことを、今、証明しているのです。

自分自身が何者であるかさえ知らないし、自分を取り巻く世界についても知らず、自分を指導している者たちについても知らない。人間とは、こういう存在なのだということを明らかにしているわけです。

これは、時代を変え、姿を変えて、ソクラテス的に、「無知の知」を明らかにしているということでもあります。

要するに、「この世で、知識人といわれる方、学問があるといわれる方、地位があるといわれる方が、何も知らない」ということを、まさしく、今、明らかにしているのです。

その先に待っているものが〝毒ニンジン〟であるならば、私も少し考えなければいけないとは思いますが（苦笑）、そうならないようにするために、なるべく、教団をきっちりと固めて、〝防衛組織〟も持っていなければいけないと考えています。

そのように、かなり、リスクを冒《おか》しているところがあるのです。

これは、イエスにもできなかったことですし、仏陀《ぶっだ》であっても、証拠《しょうこ》として、ここまで明確に遺《のこ》っておらず、大まかな感じでしか出ていません。

仏典には、仏陀のいろいろな能力について記《しる》されており、「インドの古代の神々や悪魔との対話」なども遺されていますので、そういうことができたのだろうと思いますが、個性をはっきり区別し、見分けるところまでは行っていないのです。

ただ、「天上界《てんじょうかい》へ赴《おもむ》き、亡くなったあとのマヤ夫人《ぶにん》●に会う」など、そういうかたちでの相手の特定は、多少、あるようではありますが、今の私のレベルま

●マヤ夫人　釈尊の生母。釈迦族の王シュッドーダナ王（浄飯王）妃。出産のため実家に帰る途中、ルンビニ園において釈尊を産み、7日後に没した。死後は忉利天《とうりてん》に生まれたとされている。

では来ていないように思われます。

そういう意味で、非常に特徴的な面が出ているのです。これは、幸福の科学の、宗教としての一つの特徴だと見てよいのではないかと思います。

「幸福の科学の宗教的特徴《とくちょう》」は何を意味しているのか

大川隆法　もちろん、反対する側から見れば、批判は、幾《いく》らでもできるでしょうが、「会社の社長であろうが、専務であろうが、部長であろうが、名刺《めいし》を見ただけで、その人の守護霊を呼び出し、考えを明らかにできる」というのは、そうとう恐《おそ》ろしい話です。これについては、過去、交渉《こうしょう》ごとで、何度か使ったこともあるのですけれども、普通は、やはり怖がると思います。

　前述のように、マスコミ系統の場合は、主として、姿や顔、経歴を隠して記事を書いており、誰か分からないように隠れているのですが、われわれはそういう人についても書いているのです。

　以前、中日新聞の社長の守護霊の霊言を本にして出したことがあるのですが（『「中日新聞」偏向《へんこう》報道の霊的原因を探《さぐ》る』〔幸福の科学出版刊〕参照）、もちろん、私は、彼に会ったことなど一度もなく、著書もないため、どのような方か、まったく知りませんでした。

　さらに、私は、東京新聞は読んでいましたが、中日新聞は読んでいませんでしたし、「東京新聞と中日新聞の経営体が同一だ」ということを、近年になって知ったのです。

『「中日新聞」偏向報道の霊的原因を探る』（幸福の科学出版）

昔は、「同じ経営体だ」ということすら知らなかったぐらいですが、守護霊を呼び出して、その霊言を発刊したら、向こうは、「なぜ、うちの社長のことを、ここまで調べ上げられるのだろう」と言っていたようです。

しかし、こちらは、全然、調べ上げてなどいません。名前を見ただけでできますし、「調べている暇《ひま》もなければ、材料もない」という状態であるわけです。

このへんのところについては、あれこれ言っても、おそらく、「トリックがあるなら暴《あば》きたい」と思う気持ちがあるだろうと思います。

ただ、歴史的には、事実として、登場前後のオバマ大統領や、中国の国家主席になる前の習近平《しゅうきんぺい》氏、あるいは、ロシアのプーチン大統領の考えなど、会ってもいない、いろいろな人の守護霊の霊言を公開しているのです。

そして、しばらくすると、霊言で言っているとおりの状況が出てきており、そういう意味での信用があるため、読者がついてきているのでしょう。

「百パーセント信じる」ということは、なかなか難しいのかもしれませんが、大きな文明実験が行われているのだと思います。これについては、宗教の一つの特徴《とくちょう》として、今、出てきているものだと考えなければいけないけれども、「ここまで明確に分かるということは、いったい、どういうことなのか」が、一つのポイントではあるのです。

例えば、歴史上、遺っている、「過去に

大国のリーダーたちの本心を探る

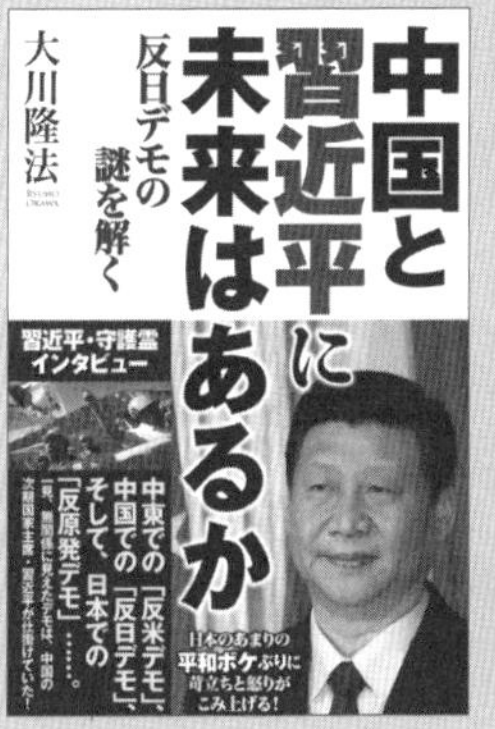

『中国と習近平に未来はあるか』（幸福実現党）

『プーチン大統領の新・守護霊メッセージ』（幸福の科学出版）

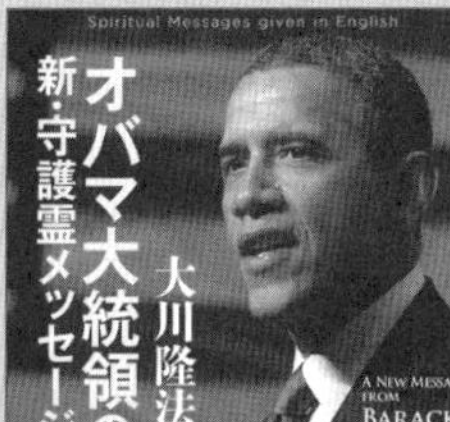

『オバマ大統領の新・守護霊メッセージ』（幸福の科学出版）

現れた宗教家の霊能力」と比較《ひかく》してみればよいわけであり、ここに違う面が出ているると言わざるをえません。

ただ、最後には、「信じるか、信じないか」という選択《せんたく》が残りますので、これについては、しかたがないところはあるのです。「自分にとって、マイナスの情報が出てきた場合には信じたくない」という気持ちが出ることも分かりますし、「ほめられたら信じたい」という気持ちも分かります。

ともあれ、私には、「ここまで明確に出せる」という特徴があるということです。

歴代の宗教家と比べ、より明晰《めいせき》なかたちで出てきている霊能力《れいのうりょく》

大川隆法　最近、いろいろな変装をし、さまざまな役になり切っている写真を載せて、広告している人もいるので、そういうことであれば、「野球のユニフォームを着て、球を打つふりをしながら、イチロー選手の言葉を伝える」などということができるのかもしれません。しかし、私は、そのように行《おこな》っているわけではないのです。

あくまでも、「多くの目覚めていない人たちに、『霊的世界がある』ということの、何らかの手がかりを与《あた》えられたらよい」という気持ちで、公開霊言を行っています。

「信じるか、信じないか」については、最後まで、「百パーセント」ということはないかもしれません。

信じる人が増えていけば、強みが増していくでしょうし、増えていかなければ減っていくでしょう。あるいは、迫害《はくがい》がたくさん起きてくるようであれば、「厳しい時代が待っているかもしれない」ということかと思います。

ただ、歴代のいろいろな宗教家に比べて、私の霊能力《れいのうりょく》は、そうとうクリアというか、明晰《めいせき》なかたちで出てきているのです。

ですから、例えば、イスラム教では、「ムハンマドが、最後の預言者である」と言われていますが、やはり、「それでは止まらずに、出てきたものは、明らかにあるだろう」と思っています。

4 「科学」と「霊界《れいかい》思想」の橋渡《はしわた》しをする力とは

金子　本日は、幸福の科学大学にとりましても、とても大切な御講義《ごこうぎ》を賜《たまわ》り、まことにありがとうございます。

本日のテーマである「神秘学」のなかには、「ヘルメス思想」や「グノーシス思想」、近年であれば、●ルドルフ・シュタイナーなどの「神智学《しんちがく》」等も含《ふく》まれると思います。

また、そのなかには、「天使論」や「悪霊《あくれい》・悪魔《あくま》論」、「霊界《れいかい》の神秘」、「超古《ちょう》代文明」など、かなり幅広《はばひろ》い思想が含まれてくると思います。

さらに、幸福の科学の仏法真理《ぶっぽうしんり》思想のなかで位置付けてみると、先ほどの、

●ルドルフ・シュタイナー（1861 ～ 1925）オーストリア出身の神秘思想家、教育家。人智学の創始者。「自由ヴァルドルフ学校」を創立して、シュタイナー教育を実践し、広めた。

日蓮聖人《にちれんしょうにん》のお話ではありませんが、「宇宙人論」まで含まれてくるかと思います。

その意味では、「科学」と「霊界思想」を橋渡《はしわた》しする重要な面、あるいは、学問の形骸化《けいがいか》を防ぐ防波堤《ぼうはてい》としての力もあるのではないかと考えます。

そこで、幸福の科学大学で、新しい「神秘学」を示していく、あるいは、学んでいく意義について、お教えいただければ幸いでございます。

「この世的な信用」を築きながら、「霊的《れいてき》な現象論」を展開する

大川隆法　これは教団を始めてからのことでもありますが、霊言集《れいげんしゅう》を出しながら、一方では『太陽の法』（幸福の科学出版刊）等の理論書も出していきました。

この世的に見て、ある程度きっちりとしたものも書ける人が、そうした霊言集というかたちでの本も出していったわけです。

つまり、「現象的なものを、理論的、概《がい》念《ねん》的に説明できる能力も別に持っていて、この世的な能力もきっちりとしている」ということと、「霊的なものをどこまで開示することが可能か」ということの許容範囲《はんい》やバランスを見ながら、行ってきているところはあるのです。

例えば、あなたが言ったような、「超古

幸福の科学の教えの柱である基本三法

『太陽の法』

『黄金の法』

『永遠の法』

（いずれも幸福の科学出版刊）

代文明」や「宇宙人論」まで入っていって、そのような話ばかりしていたら、一般的《いっぱん》には〝病院行き〟でしょう。病院の奥《おく》のほうの〝特別室〟が用意され、ガチャンと鍵《かぎ》がかかって出られないようになることが多く、極《きわ》めて危険なところがあります。

したがって、「まともなところは、まともである」と、証明を積み重ねるような努力をしているわけです。宗教にかかわるものでも、まともなことはまともに書いてあり、経営に関係することであれば、まともであるかどうかは、内容を読んでみれば、普通《ふつう》のサラリーマンやビジネスマンでも分かることでしょう。

そのように、ある程度、「知識的にきちっと体系化する力」を持っているところを、この世的にも証明し、普通の水準以上は、「運営する力」や「判断する能力」を持っているというところをお見せしながら、片方で、そうした「霊的な現象論」を展開しているわけなのです。

つまり、この世的な信用の部分が大きくならなければ、この世から離《はな》れたもののほど、それを示すのが非常に難しくなるということです。

幸福の科学の本はロジカルで理系の学者にも信用がある

大川隆法　例えば、宇宙のことやUFO、宇宙人、あるいは超古代文明等のことを明らかにしたくて、いわゆるトンデモ本、オタク本として分類されるような本が、特殊《とくしゅ》な出版社から出されていることもありますが、それと一緒《いっしょ》にされないためには、別な部分のところで、非常にしっかりとしたものが要《い》るだろうと思います。

幸福の科学大学をつくるに当たって、教授陣《じん》の募集《ぼしゅう》をしても、理系の未来産業学部の学者には、信者がかなり多いという結果が出ています。幸福の科学の職員が一名ぐらいはいたかもしれませんが、それを除けば、ほとんど現役《げんえき》の学者のような方が理系学部には集まっているのです。

要するに、理系のほうが、意外にスパッと信じてきているところがあり、これは、当会の本がそうとうロジカルであることを意味しています。理系の頭で読んで、非常に論理的であり、ズバッと述べているので、とても分かりやすいのでしょう。

整然として美しい、霊界《れいかい》の真の姿を描いた映画「永遠の法」

大川隆法　当会以外では、「あの世の範囲」も、何かよく分からない、モヤモヤしたものが非常に多いのです。

例えば、出口王仁三郎《でぐちおにさぶろう》の『霊界物語《れいかいものがたり》』のようなものを読んでも、話があっちに飛んだり、こっちに飛んだりして、支離滅裂《しりめつれつ》で全然分かりません。

しかし、誰《だれ》もが、「霊界というのはだいたいそのようなものだ。摩訶不思議《まかふしぎ》な世界

出口王仁三郎（1871〜1948）
大正・昭和期の宗教家。大本教の二大教祖の一人で、聖師。『霊界物語』等の著述でも知られる。

で、この世からは理解できないようなものなのだ」と思っていたにもかかわらず、幸福の科学の霊界観は非常にクリアなのです。

当会の映画でいえば、「永遠の法」（製作総指揮・大川隆法。二〇〇六年公開）が該当《がいとう》するかと思いますが、たいへんクリアに異次元世界を描いており、あまりにも整然と美しく描きすぎているので、もっとドロドロした霊界しか伝えていない宗教から見たら、信じがたいことでしょう。ところが、霊界は非常に整然とした世界であるのです。

仏法真理《ぶっぽうしんり》が、「未来の物理学」の道筋《みちすじ》を照らしている

大川隆法『太陽の法』（前掲《ぜんけい》）にも書きましたが、ある意味で、この現象界

（地上界）というのは、ちょうど川の水が海の水と混じる河口《かこう》の部分のようなもので、塩水と真水とが混ざっているところです。

霊界の影響《えいきょう》も受けながら、この世の人間のさまざまな意欲でもって生きているところとが一緒になっているため、干渉《かんしょう》し合っていろいろなことがあるわけですが、川の水として見れば、上は真水、下は塩水というように、本当は分かれているのです。つまり、「混沌《こんとん》とした部分は、いわゆる地上界に関係している霊界の部分だけで、これを超《こ》えたら、雲の上のような、すっきりとした世界ができている」という説明をしているわけですが、この説明の仕方が、理系の方には非常にすっきり分かるらしいのです。

例えば、物理学でも、三次元を超えた、四次元、五次元、六次元、七次元、八次元、九次元、十次元世界ぐらいまであることは、はっきり分かっています。

あの世の次元構造

霊界は多次元世界になっており、各人の魂の悟りや心境の高下に応じた階層に分かれて住んでいる。また、表側と裏側の世界もある。

霊界の裏側（仙人界・天狗界）

九次元　宇宙界
救世主の世界

八次元　如来界
時代の中心人物となって歴史をつくってきた人たちの世界

七次元　菩薩界
人助けを中心に生きている人たちの世界

六次元　光明界
神に近い人、各界の専門家がいる世界

五次元　善人界
善人たちが住んでいる世界

四次元　幽界
すべての人間が死後にまず赴く世界

地獄界
幽界の下部に巣くう悪霊・悪魔の世界

三次元　地上界
いわゆるこの世の物質世界

広大な霊的世界が描かれた大川隆法製作総指揮・映画「永遠の法」（2006年公開）

ただ、十次元ぐらい、あるいは、それ以上あるらしいということが分かっているものの、それがどういう世界かについては、よく分からないままなのです。

それをリアルに描いてみせたというあたりが、ある意味での衝撃《しょうげき》であって、「未来の物理学」の行方《ゆくえ》というか、道筋《みちすじ》のようなものを照らしているところが、きっとあるのでしょう。

幸福の科学の「知的な探究の態度」は、極《きわ》めて科学的

大川隆法　また、「なぜ人間が存在するのか」についても、普通はダーウィン的な進化論ぐらいで説明したり、片方では、『旧約聖書《きゅうやくせいしょ》』に基《もと》づいて説明したりしています。「神の人間創造」のようなものであれば、せいぜい四千何百何

十何年前などと、年号まで特定できているという話もあるのです。

ただ、特定の部族ならともかく、全人類となれば、そのようなことはないことが、今は分かってきています。

そうなると、「聖書に書いてある神の言葉は違《ちが》う」ということになって、どこに論拠《ろんきょ》を求めたらいいのか分からなくなってきます。

当会は、このあたりのことを明らかにしようとしており、その「知的な探究の態度そのものには、極《きわ》めて科学的なものがある」ということではないかと思います。

幸福の科学の職員や信者の生き方が「教えの正しさ」の証明

大川隆法　さらに、そういうものを探究しながら、当会の職員が、この世で極めて真面目《まじめ》に、まともに生活しているという、その姿自体が、ある意味での証明になっていると思うのです。

やはり、それを信じる人たち、その教えを受けて生活している人たちが、おかしいことばかりしていたら、「おかしい団体」ということになります。「果実を見て、木のよし悪《あ》しを知れ」というキリスト教の教えどおり、信じる人たちがおかしかったら、基本的にその教えもおかしいでしょう。

ところが、社会で名の通ったいろいろな会社や、その他、専門的で高度な技能を持った世界、役所の世界、あるいは研究職等で十分に通用した方々が、当会の職員として来て仕事をしています。また、この世的にある程度、勉強もなされたり、社会的地位のあったりする方も、信者としてたくさんついてきてくださっているのです。

要するに、このあたりの信用のつくり方でしょう。

どれだけ「信用の創造」を成せるかで、宗教の活動範囲《はんい》が決まる

大川隆法　例えば、銀行や会社等では、「信用の創造」が非常に大事なことでありますが、幸福の科学の場合、宗教においても、「信用の創造」という概念が一つ入っているわけです。

普通、金融《きんゆう》の世界では、信用創造をして、経済活動がどこまでできるかの範《はん》囲《い》が決まってきます。同様に、「信用の創造」をして、どこまで霊界の証明や宗教的な活動が可能であるかの証明をしているわけです。そのようなところが、他とは違っているのではないでしょうか。

世界は広く、まだまだ私たちの真理は届いていないので、あまり大きなことを言いすぎてはならないとは思いますが、当会は、少なくとも戦後始まった宗教のなかでは、最も成功したものの一つであることは間違いありません。

また、当会を始めたころには、「宗教というのは、普通は絶対に潰《つぶ》れないものだ」と思っていたのですけれども、「会社と同じで、宗教もけっこう淘汰《とうた》されるらしい」ということを、この三十年ほどの間《あいだ》、見たり感じたりしてきました。いろいろな不祥事《ふしょうじ》を起こして潰れるところもあれば、教勢を誇《ほこ》っていた旧《ふる》い伝統的な団体でも、だんだん教勢が衰《おとろ》えてくるようなことも、現実にあったのです。

そういう意味では、「十分、一般の人たちの審査《しんさ》の目を経《へ》ているのだな」ということを感じていますし、幸いなことに、いまだに毎年、当会の信者が増え続けていることは、ありがたいことだと考えています。

それでは、本日の話は以上といたします。

あとがき

新聞の一面には常に左翼唯物論《ゆいぶつろん》的見解で見出しや記事を構成している某マスコミが、別のページには「本日のあなたの運勢」などを掲載しているのを見ると、思わずおかしく感じるのは私だけではないだろう。

人間とは、肉体を持ってこの世を生きている限り、唯物論的ルールにも支配されることもあるが、それを超えて、目には見えない世界からの働きかけを常日頃感じている存在でもある。

式年遷宮《しきねんせんぐう》の年には一千万人以上の人々が伊勢神宮にお参りするこの国の国民が、本質的に信仰心を持っていないとは私は考えていない。学校教育的手法では、信仰心を理解し、説明するのが、単に厳しいだけだろう。その意味で信仰の諸形態をいろいろな角度から明確にしていく知的努力が必要だと思う。この簡潔なテキストも手引き書の一つになれば幸いである。

二〇一四年　七月二十二日

幸福《こうふく》の科学《かがく》グループ創始者兼総裁《そうししゃけんそうさい》

幸福《こうふく》の科学大学創立者《かがくだいがくそうりつしゃ》　大川隆法《おおかわりゅうほう》

『神秘学要論』大川隆法著作関連書籍

『太陽の法』（幸福の科学出版刊）
『黄金の法』（同右）
『永遠の法』（同右）
『釈迦の本心』（同右）
『日蓮聖人「戦争と平和」を語る』（同右）
『公開霊言 ニーチェよ、神は本当に死んだのか？』（同右）
『仏教学から観た「幸福の科学」分析』（同右）
『日本を救う陰陽師パワー』（同右）
『天理教開祖　中山みきの霊言』（同右）

『サッカー日本代表エース 本田圭佑守護霊インタビュー』（同右）
『天才打者イチロー ４０００本ヒットの秘密』（同右）
『「中日新聞」偏向報道の霊的原因を探る』（同右）
『オバマ大統領の新・守護霊メッセージ』（同右）
『プーチン大統領の新・守護霊メッセージ』（同右）
『日銀総裁とのスピリチュアル対話』（幸福実現党刊）
『中国と習近平に未来はあるか』（同右）

神秘学要論《しんぴがくようろん》

──「唯物論」の呪縛を超えて──

2014年 7 月29日　初版第 1 刷

著　者　大《おお》 川《かわ》 隆《りゅう》 法《ほう》

発行所　幸福の科学出版株式会社

〒107-0052 東京都港区赤坂 2 丁目 10 番 14 号
TEL(03)5573-7700
http://www.irhpress.co.jp/

印刷・製本　株式会社 東京研文社

落丁・乱丁本はおとりかえいたします
©Ryuho Okawa 2014. Printed in Japan. 検印省略
ISBN978-4-86395-506-6 C0014

Photo：Eric Gaba ／ Edgar Caycee Center in Japan ／ Rissho University ／ jiji photo
brajdiscovery.org ／ Takamikura Jingu

大川隆法 霊言シリーズ・最新刊

天理教開祖　中山みきの霊言

天理教の霊的ルーツに迫る

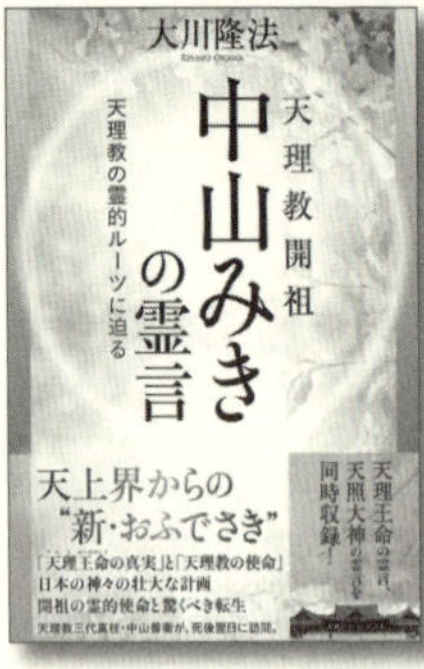

神道系の新宗教のなかで、なぜ天理教は発展したのか。日本の神々の壮大な計画や、開祖・中山みきの霊的使命と驚くべき転生が明かされる!

1,400円

幻解ファイル=限界ファウル「それでも超常現象は存在する」

超常現象を否定するＮＨＫへの〝ご進講②〟

心霊現象を否定するNHKこそ非科学的!? タイムスリップ・リーディングで明らかになった４人のスピリチュアル体験の「衝撃の真実」とは!

1,400円

NHK「幻解!超常ファイル」は本当か

ナビゲーター・栗山千明の守護霊インタビュー

ＮＨＫはなぜ超常現象を否定する番組を放送するのか。ナビゲーター・栗山千明氏の本心と、番組プロデューサーの「隠された制作意図」に迫る!

1,400円

※表示価格は本体価格(税別)です。

大川隆法霊言シリーズ・**無神論・唯物論を打ち砕く**

フロイトの霊言

神なき精神分析学は
人の心を救えるのか

人間の不幸を取り除くはずの精神分析学。しかし、その創始者であるフロイトは、死後地獄に堕ちていた――。霊的真実が、フロイトの幻想を粉砕する。

1,400円

公開霊言
ニーチェよ、神は本当に死んだのか？

神を否定し、ヒトラーのナチズムを生み出したニーチェは、死後、地獄に堕ちていた。いま、ニーチェ哲学の超人思想とニヒリズムを徹底霊査する。

1,400円

進化論―150年後の真実

ダーウィン／ウォーレスの霊言

ダーウィン「進化論」がもたらした功罪とは？ ウォーレスが唱えた、もうひとつの「進化論」とは？ 現代人を蝕む唯物論・無神論のルーツを解明する。

1,400円

幸福の科学出版

大川隆法ベストセラーズ・神秘の扉が開く

太陽の法

エル・カンターレへの道

創世記や愛の段階、悟りの構造、文明の流転を明快に説き、主エル・カンターレの真実の使命を示した、仏法真理の基本書。

2,000円

不滅の法

宇宙時代への目覚め

「霊界」「奇跡」「宇宙人」の存在。物質文明が封じ込めてきた不滅の真実が解き放たれようとしている。この地球の未来を切り拓くために。

2,000円

神秘の法

次元の壁を超えて

この世とあの世を貫く秘密を解き明かし、あなたに限界突破の力を与える書。この真実を知ったとき、底知れぬパワーが湧いてくる!

1,800円

※表示価格は本体価格(税別)です。

大川隆法ベストセラーズ・忍耐の時代を切り拓く

忍耐の法
「常識」を逆転させるために

人生のあらゆる苦難を乗り越え、夢や志を実現させる方法が、この一冊に――。混迷の現代を生きるすべての人に贈る待望の「法シリーズ」第20作！

2,000円

「正しき心の探究」の大切さ

靖国参拝批判、中・韓・米の歴史認識……。「真実の歴史観」と「神の正義」とは何かを示し、日本に立ちはだかる問題を解決する、2014年新春提言。

1,500円

自由の革命
日本の国家戦略と世界情勢のゆくえ

「集団的自衛権」は是か非か！？ 混迷する国際社会と予断を許さないアジア情勢。今、日本がとるべき国家戦略を緊急提言！

1,500円

大川隆法 ベストセラーズ・「幸福の科学大学」が目指すもの

新しき大学の理念

「幸福の科学大学」がめざす ニュー・フロンティア

2015 年、開学予定の「幸福の科学大学」。日本の大学教育に新風を吹き込む「新時代の教育理念」とは？ 創立者・大川隆法が、そのビジョンを語る。

1,400 円

「経営成功学」とは何か

百戦百勝の新しい経営学

経営者を育てない日本の経営学⁉ アメリカをダメにしたMBA――⁉ 幸福の科学大学の「経営成功学」に託された経営哲学のニュー・フロンティアとは。

1,500 円

「人間幸福学」とは何か

人類の幸福を探究する新学問

「人間の幸福」という観点から、あらゆる学問を再検証し、再構築する――。数千年の未来に向けて開かれていく学問の源流がここにある。

1,500 円

「未来産業学」とは何か

未来文明の源流を創造する

新しい産業への挑戦――「ありえない」を、「ありうる」に変える！ 未来文明の源流となる分野を研究し、人類の進化とユートピア建設を目指す。

1,500 円

※表示価格は本体価格（税別）です。

大川隆法ベストセラーズ・「幸福の科学大学」が目指すもの

宗教学から観た「幸福の科学」学・入門

立宗27年目の未来型宗教を分析する

幸福の科学とは、どんな宗教なのか。教義や活動の特徴とは？ 他の宗教との違いとは？ 総裁自らが、宗教学の見地から「幸福の科学」を分析する。

1,500円

仏教学から観た「幸福の科学」分析

東大名誉教授・中村元と仏教学者・渡辺照宏のパースペクティブ（視角）から

仏教は「無霊魂説」ではない！ 仏教学の権威 中村元氏の死後14年目の衝撃の真実と、渡辺照宏氏の天上界からのメッセージを収録。

1,500円

幸福の科学の基本教義とは何か

真理と信仰をめぐる幸福論

進化し続ける幸福の科学──本当の幸福とは何か。永遠の真理とは？ 信仰とは何なのか？ 総裁自らが説き明かす未来型宗教を知るためのヒント。

1,500円

「ユング心理学」を宗教分析する

「人間幸福学」から見た心理学の功罪

なぜユングは天上界に還ったのか。どうしてフロイトは地獄に堕ちたのか。分析心理学の創始者が語る現代心理学の問題点とは。

1,500円

Noblesse《ノーブレス》 Oblige《オブリージ》

「高貴なる義務」を果たす、
「真のエリート」を目指せ。

幸福の科学学園
中学校・高等学校（那須本校）

Happy Science Academy Junior and Senior High School

「私は、
教育が人間を創ると
信じている一人である。
若い人たちに、
夢とロマンと、精進、
勇気の大切さを伝えたい。
この国を、全世界を、
ユートピアに変えていく力を
出してもらいたいのだ。」

（幸福の科学学園 創立記念碑より）

幸福の科学学園 創立者
大川隆法

幸福の科学学園（那須本校）は、幸福の科学の教育理念のもとにつくられた、男女共学、全寮制の中学校・高等学校です。自由闊達な校風のもと、「高度な知性」と「徳育」を融合させ、社会に貢献するリーダーの養成を目指しており、2014年4月には開校四周年を迎えました。

Noblesse《ノーブレス》 Oblige《オブリージ》　「高貴なる義務」を果たす、「真のエリート」を目指せ。

2013年 春 開校

幸福の科学学園
関西中学校・高等学校

Happy Science Academy
Kansai Junior and Senior High School

私は日本に
真のエリート校を創り、
世界の模範としたい
という気概に満ちている。
『幸福の科学学園』は、
私の『希望』であり、
『宝』でもある。
世界を変えていく、
多才かつ多彩な人材が、
今後、数限りなく
輩出されていくことだろう。
（幸福の科学学園関西校 創立記念碑より）

幸福の科学学園 創立者
大川隆法

滋賀県大津市、美しい琵琶湖の西岸に建つ幸福の科学学園（関西校）は、男女共学、通学も入寮も可能な中学校・高等学校です。発展・繁栄を校風とし、宗教教育や企業家教育を通して、学力と企業家精神、徳力を備えた、未来の世界に責任を持つ「世界のリーダー」を輩出することを目指しています。

幸福の科学学園・教育の特色

「徳ある英才」の創造

教科「宗教」で真理を学び、行事や部活動、寮を含めた学校生活全体で実修して、ノーブレス・オブリージ(高貴なる義務)を果たす「徳ある英才」を育てていきます。

体育祭

天分を伸ばす「創造性教育」

教科「探究創造」で、偉人学習に力を入れると共に、日本文化や国際コミュニケーションなどの教養教育を施すことで、各自が自分の使命・理想像を発見できるよう導きます。さらに高大連携教育で、知識のみならず、知識の応用能力も磨き、企業家精神も養成します。芸術面にも力を入れます。

探究創造科発表会

一人ひとりの進度に合わせた「きめ細やかな進学指導」

熱意溢れる上質の授業をベースに、一人ひとりの強みと弱みを分析して対策を立てます。強みを伸ばす「特別講習」や、弱点を分かるところまでさかのぼって克服する「補講」や「個別指導」で、第一志望に合格する進学指導を実現します。

授業の様子

自立心と友情を育てる「寮制」

寮は、真なる自立を促し、信じ合える仲間をつくる場です。親元を離れ、団体生活を送ることで、縦・横の関係を学び、力強い自立心と友情、社会性を養います。

毎朝夕のお祈りの時間

幸福の科学学園の進学指導

1 英数先行型授業

受験に大切な英語と数学を特に重視。「わかる」（解法理解）まで教え、「できる」（解法応用）、「点がとれる」（スピード訓練）まで繰り返し演習しながら、高校三年間の内容を高校二年までにマスター。高校二年からの文理別科目も余裕で仕上げられる効率的学習設計です。

2 習熟度別授業

英語・数学は、中学一年から習熟度別クラス編成による授業を実施。生徒のレベルに応じてきめ細やかに指導します。各教科ごとに作成された学習計画と、合格までのロードマップに基づいて、大学受験に向けた学力強化を図ります。

3 基礎力強化の補講と個別指導

基礎レベルの強化が必要な生徒には、放課後や夕食後の時間に、英数中心の補講を実施。特に数学においては、授業の中で行われる確認テストで合格に満たない場合は、できるまで徹底した補講を行います。さらに、カフェテリアなどでの質疑対応の形で個別指導も行います。

4 特別講習

夏期・冬期の休業中には、中学一年から高校二年まで、特別講習を実施。中学生は国・数・英の三教科を中心に、高校一年からは五教科でそれぞれ実力別に分けた講座を開講し、実力養成を図ります。高校二年からは、春期講習会も実施し、大学受験に向けて、より強化します。

5 幸福の科学大学（仮称・設置認可申請中）への進学

二〇一五年四月開学予定の幸福の科学大学への進学を目指す生徒を対象に、推薦制度を設ける予定です。留学用英語や専門基礎の先取りなど、社会で役立つ学問の基礎を指導します。

授業の様子

詳しい内容、パンフレット、募集要項のお申し込みは下記まで。

幸福の科学学園 関西中学校・高等学校

〒520-0248
滋賀県大津市仰木の里東2-16-1
TEL.077-573-7774
FAX.077-573-7775
[公式サイト]
www.kansai.happy-science.ac.jp
[お問い合わせ]
info-kansai@happy-science.ac.jp

幸福の科学学園 中学校・高等学校

〒329-3434
栃木県那須郡那須町梁瀬 487-1
TEL.0287-75-7777
FAX.0287-75-7779
[公式サイト]
www.happy-science.ac.jp
[お問い合わせ]
info-js@happy-science.ac.jp

仏法真理塾

サクセスNo.1

未来の菩薩を育て、仏国土ユートピアを目指す！

サクセスNo.1 東京本校（戸越精舎内）

仏法真理塾「サクセスNo.1」とは

宗教法人幸福の科学による信仰教育の機関です。信仰教育・徳育にウエイトを置きつつ、将来、社会人として活躍するための学力養成にも力を注いでいます。

「サクセスNo.1」のねらいには、「仏法真理と子どもの教育面での成長とを一体化させる」ということが根本にあるのです。

大川隆法総裁　御法話『サクセスNo.1』の精神」より

仏法真理塾「サクセスNo.1」の教育について

信仰教育が育む健全な心

御法話拝聴や祈願、経典の学習会などを通して、仏の子としての「正しい心」を学びます。

学業修行で学力を伸ばす

忍耐力や集中力、克己心を磨き、努力によって道を拓く喜びを体得します。

法友との交流で友情を築く

塾生同士の交流も活発です。お互いに信仰の価値観を共有するなかで、深い友情が育まれます。

●サクセスNo.1は全国に、本校・拠点・支部校を展開しています。

東京本校
TEL.03-5750-0747　FAX.03-5750-0737

名古屋本校
TEL.052-930-6389　FAX.052-930-6390

大阪本校
TEL.06-6271-7787　FAX.06-6271-7831

京滋本校
TEL.075-694-1777　FAX.075-661-8864

神戸本校
TEL.078-381-6227　FAX.078-381-6228

西東京本校
TEL.042-643-0722　FAX.042-643-0723

札幌本校
TEL.011-768-7734　FAX.011-768-7738

福岡本校
TEL.092-732-7200　FAX.092-732-7110

宇都宮本校
TEL.028-611-4780　FAX.028-611-4781

高松本校
TEL.087-811-2775　FAX.087-821-9177

沖縄本校
TEL.098-917-0472　FAX.098-917-0473

広島拠点
TEL.090-4913-7771　FAX.082-533-7733

岡山本校
TEL.086-207-2070　FAX.086-207-2033

北陸拠点
TEL.080-3460-3754　FAX.076-464-1341

大宮拠点
TEL.048-778-9047　FAX.048-778-9047

全国支部校のお問い合わせは、
サクセスNo.1 東京本校（TEL. 03-5750-0747）まで。
メール info@success.irh.jp

エンゼルプランV

信仰教育をベースに、知育や創造活動も行っています。

信仰に基づいて、幼児の心を豊かに育む情操教育を行っています。また、知育や創造活動を通して、ひとりひとりの子どもの個性を大切に伸ばします。お母さんたちの心の交流の場ともなっています。

TEL 03-5750-0757　FAX 03-5750-0767
メール angel-plan-v@kofuku-no-kagaku.or.jp

ネバー・マインド

不登校の子どもたちを支援するスクール。

「ネバー・マインド」とは、幸福の科学グループの不登校児支援スクールです。「信仰教育」と「学業支援」「体力増強」を柱に、合宿をはじめとするさまざまなプログラムで、再登校へのチャレンジと、進路先の受験対策指導、生活リズムの改善、心の通う仲間づくりを応援します。

TEL 03-5750-1741　FAX 03-5750-0734
メール nevermind@happy-science.org

ユー・アー・エンゼル！（あなたは天使！）運動

障害児の不安や悩みに取り組み、ご両親を励まし、勇気づける、障害児支援のボランティア運動です。学生や経験豊富なボランティアを中心に、全国各地で、障害児向けの信仰教育を行っています。保護者向けには、交流会や、医療者・特別支援教育者による勉強会、メール相談を行っています。

TEL 03-5750-1741　FAX 03-5750-0734
メール you-are-angel@happy-science.org

シニア・プラン21

生涯反省で人生を再生・新生し、希望に満ちた生涯現役人生を生きる仏法真理道場です。週1回、開催される研修には、年齢を問わず、多くの方が参加しています。現在、全国8カ所（東京、名古屋、大阪、福岡、新潟、仙台、札幌、千葉）で開校中です。

東京校 TEL 03-6384-0778　FAX 03-6384-0779
メール senior-plan@kofuku-no-kagaku.or.jp

入会のご案内

あなたも、幸福の科学に集い、ほんとうの幸福を見つけてみませんか？

幸福の科学では、大川隆法総裁が説く仏法真理をもとに、
「どうすれば幸福になれるのか、また、
他の人を幸福にできるのか」を学び、実践しています。

入会

大川隆法総裁の教えを信じ、学ぼうとする方なら、どなたでも入会できます。入会された方には、『入会版「正心法語」』が授与されます。（入会の奉納は1,000円目安です）

ネットでも**入会**できます。詳しくは、下記URLへ。
happy-science.jp/joinus

三帰《さんき》誓願《せいがん》

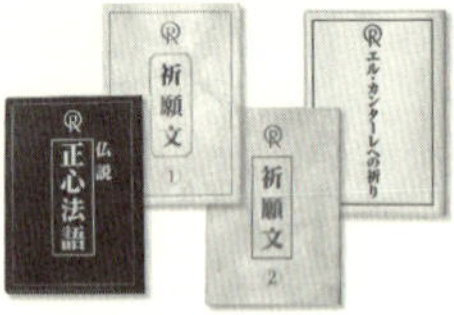

仏弟子としてさらに信仰を深めたい方は、仏・法・僧の三宝への帰依を誓う「三帰誓願式」を受けることができます。三帰誓願者には、『仏説・正心法語』『祈願文①』『祈願文②』『エル・カンターレへの祈り』が授与されます。

植福《しょくふく》の会

植福は、ユートピア建設のために、自分の富を差し出す尊い布施の行為です。布施の機会として、毎月1口1,000円からお申込みいただける、「植福の会」がございます。

「植福の会」に参加された方のうちご希望の方には、幸福の科学の小冊子（毎月1回）をお送りいたします。詳しくは、下記の電話番号までお問い合わせください。

月刊「幸福の科学」

ザ・伝道

ヤング・ブッダ

ヘルメス・エンゼルズ

INFORMATION
幸福の科学サービスセンター
TEL. 03-5793-1727（受付時間 火〜金：10〜20時／土・日：10〜18時）
宗教法人 幸福の科学 公式サイト **happy-science.jp**